Matthias Warkus

Schwerter zu Pflugscharen, Kanonen zu Buchstaben

Peirce' Semiotik und Transformationen als symbolische Handlungen

Tectum Verlag

Matthias Warkus

Schwerter zu Pflugscharen, Kanonen zu Buchstaben
Peirce' Semiotik und Transformationen als symbolische Handlungen

ISBN: 978-3-8288-2910-7

Umschlagabbildung:© Michael Tieck – Fotolia.com
Covergestaltung: Tectum Verlag, Ina Beneke
Printed in Germany

Besuchen Sie uns im Internet
www.tectum-verlag.de

Bibliografische Informationen der Deutschen Nationalbibliothek
Die Deutsche Nationalbibliothek verzeichnet diese Publikation in der Deutschen Nationalbibliografie; detaillierte bibliografische Angaben sind im Internet über http://dnb.ddb.de abrufbar.

Matthias Warkus

Schwerter zu Pflugscharen, Kanonen zu Buchstaben

Inhaltsverzeichnis

Abbildungsverzeichnis

»Die Klügsten und Weisesten jedoch befolgen die neue Methode, sich durch Dinge auszudrücken; die einzige Unbequemlichkeit, die sich daraus ergibt, besteht nur darin, daß ein Mann, dessen Geschäft sehr groß und von verschiedener Art ist, ein Bündel auf seinem Rücken mit sich herumtragen muß, wenn er nicht im Stande ist, sich einen oder zwei starke Bediente als Begleiter zu halten.«

Jonathan Swift, *Gullivers Reisen*

Das vorliegende Buch ist die Publikationsfassung meiner Magisterarbeit »Transformation als Zeichen«, eingereicht im August 2008 beim Institut für Philosophie der Philipps-Universität Marburg. Der Text wurde sprachlich korrigiert und überarbeitet, inhaltlich aber weder umgestellt noch umfangreich erweitert oder gekürzt. Es wurden lediglich einige Formulierungen und missverständliche Termini geändert, Fehler in Zitaten und im Fußnotenapparat behoben und kleinere Ergänzungen gemacht.

Mein herzlichster Dank gilt Frau Prof. Dr. Andrea Marlen Esser, die diese Arbeit von Anfang bis Ende exzellent betreut hat.

1 Einleitung

Gegen Mittag des 6. Oktober 1945 ließen Oberst Bernard B. McMahon von der amerikanischen Militärregierung für Deutschland, der bayerische Ministerpräsident Wilhelm Hoegner und andere geladene Gäste im Keller eines Münchner Verlagshauses reihum einige Bleiplatten in einem Schmelzofen zergehen. Auf den Platten war vor nicht allzu langer Zeit noch Adolf Hitlers *Mein Kampf* gedruckt worden; aus dem geschmolzenen Blei goss man die Rotationsdruckformen, auf denen eine Viertelstunde später die erste Ausgabe der *Süddeutschen Zeitung* entstehen sollte.[1] Der spätere Chefredakteur Werner Friedmann berichtet:

> »[Es ist] uns zumute, als ob wir einer heiligen Handlung beiwohnen, einem frommen Akt der Gerechtigkeit [...]. Eine stille Befriedigung liegt auf den Gesichtern derer, die sich [...] anreihen, um zu zerstören, was zerstört werden muss, und zugleich aufzubauen, was das Erfordernis für ein neues, besseres Deutschland ist: das Sprachrohr der freien Meinung.«[2]

Dass alte Metallgegenstände in neue umgeschmolzen oder ganz allgemein Gegenstände zu anderen Gegenständen verarbeitet werden, ist ein alltägliches und nicht allzu bemerkenswertes Ereignis. Es ist allerdings selten, dass eine solche Handlung »heilig«, »fromm«, ein »Akt der Gerechtigkeit« genannt wird, dass sie als Festakt vor hohem Publikum stattfindet, dass Rundfunk und Wochenschau über sie berichten und dass sie über Jahrzehnte immer wieder zitiert wird.

1 Vgl. Richardi, Hans-Günter, Die Geburtsstunde der SZ. Süddeutsche Zeitung, 51 (1995), Nr. 230 (6. Oktober), S. J 11.

2 Friedmann, Werner, Die Geburt der »Süddeutschen Zeitung«. Süddeutsche Zeitung, 1 (1945), Nr. 2 (9. Oktober), S. 3, Bl. 2.

In der Alltagssprache nennt man Ereignisse, die solchermaßen erhöhte und fortdauernde öffentliche Aufmerksamkeit mit sich bringen, ›bedeutend‹. Der Vorgang wäre als einfaches Recycling von Gießmetall nur unzureichend beschrieben; er hatte, wiederum alltagssprachlich gesagt, eine ›höhere Bedeutung‹, eine ›symbolische Dimension‹. Friedmann nennt ihn eine »symbolische Handlung [...], die weit über Münchens und Bayerns Grenzen hinaus Aufsehen erregt und den Beifall der gesamten zivilisierten Welt gefunden hat.«[3]

Handlungen, die bloß durch diese ›symbolische Dimension‹ mehr oder minder großes öffentliches Interesse auf sich lenken, gibt es viele, und viele verschiedene. Es gibt Handschläge, Kniefälle, Spatenstiche, Küsse und Umarmungen; da werden Knöpfe gedrückt, Bänder durchschnitten, Hüllen abgerissen, Flaschen und Gläser zertrümmert, Bäume gepflanzt, Fahr- und Flugzeuge aus Hallen gerollt, Metallteile verschweißt und Blechkapseln vergraben, da wird mit Scheinwerfern angestrahlt und mit kleinen Hämmerchen auf Steine geschlagen. All dies kann man aus technischen oder emotionalen Gründen tun, ohne es symbolisch aufzuladen; man tut es aber von Fall zu Fall auf ›bedeutende‹ Weise und schafft es damit je nachdem in die vermischten Meldungen der Lokalzeitung, wie beim Richtfest eines neuen Gemeindehauses oder der Kranzniederlegung am Volkstrauertag, oder aber in die Geschichtsbücher, wie bei Willy Brandts Kniefall in Warschau oder Jimmy Carters Handschlag von Camp David.

Der Bleiguss vom 6. Oktober 1945 taucht vielleicht nicht in dem auf, was man gemeinhin als Geschichtsbuch bezeichnet, aber ein verhältnismäßig großes und dauerndes mediales Echo hat er doch gefunden, mit dem Nebeneffekt, mich dazu anzustiften, diese Arbeit zu schreiben.

3 Friedmann, S. 3, Bl. 2.

1.1 Gegenstand

Mich leitete dabei eine erste intuitive Annahme, nämlich jene, dass dieser Bleiguss nicht allein steht, sondern ein Beispiel für eine ganze Klasse von symbolischen Phänomenen ist, die alle gleich oder ähnlich aufgebaut sind.

In der Tat ist der Vorgang alles andere als einzigartig. Quer durch die Geschichte hat es unüberschaubar viele Akte gegeben, die dem Druckplatten-Umguss ähneln. Bildwerke aus erbeuteten Waffen gibt es seit der Antike[4]; berüchtigt ist auch die Einschmelzung bronzener Bauteile des Pantheon für die Ausstattung des Petersdoms[5].

Während man sich hierbei noch fragen kann, ob die Umgüsse in diesen Fällen wirklich in erster Linie eine Bedeutung transportieren sollten oder schlicht aus Metallknappheit geschahen, ist bei dem Schriftzug »Dem deutschen Volke« am Reichstagsgebäude in Berlin, der mitten im Ersten Weltkrieg aus Beutekanonen aus den Befreiungskriegen gegossen wurde[6], die symbolisierende Absicht unverkennbar. Als Joseph Beuys zur documenta 1982 aus der goldenen Replik einer Zarenkrone einen »Friedenshasen« goss[7], war dies schon rein durch die Veranstaltung als öffentliche Kunstaktion im Rahmen einer der größten Ausstellungen der Welt als bedeutsam stilisiert.

---

4 So die Jupiterstatue auf dem Kapitol von 293 v. Chr.; Rammsporne gekaperter Schiffe wurden bereits seit dem vierten Jahrhundert vor Christus an Tribünen und Denkmälern angebracht; vgl. Hölscher, Tonio, Die Alten vor Augen. Politische Denkmäler und öffentliches Gedächtnis im republikanischen Rom. In: Melville, Gert (Hrsg.), Institutionalität und Symbolisierung. Verstetigungen kultureller Ordnungsmuster in Vergangenheit und Gegenwart. Köln/Weimar/Wien: Böhlau, 2001, S. 191 u. 196.

5 Konkret handelte es sich um das Dachgebälk der Pantheon-Vorhalle, aus dem neben Kanonenkugeln angeblich der Altarbaldachin, zumindest aber der Tabernakel des Petersdoms gegossen wurde; vgl. Peterich, Eckart, Rom. Ein Führer. München: Prestel, 1998, S. 328.

6 Vgl. Cullen, Michael S., Der Reichstag. Die Geschichte eines Monumentes. Berlin: Fröhlich & Kaufmann, 1983, S. 319–321.

7 Vgl. Loers, Veit, Kronenschmelze. In: Derselbe und Pia Witzmann (Hrsg.), Joseph Beuys. documenta-Arbeit. Stuttgart: Edition Cantz, 1993.

Es gibt des weiteren nicht nur Umgüsse. Es gibt den aus Schiffsplanken geschreinerten Schreibtisch des amerikanischen Präsidenten und die Wiederverwendung von Mauerwerk oder Säulen antiker Ruinen, es gibt Umgestaltungen von Gebäuden (hier ist wieder der Reichstag ein nahe liegendes Beispiel); es gab Pflugscharen, geschmiedet aus Schwertern, oder doch immerhin einen russischen Flugzeugträger, der in einen schwimmenden Vergnügungspark umgebaut werden sollte.

Solche Beispiele aufzuzählen, soll aber nicht das Thema sein; es wäre eine Sache der Kultur- und Geschichtswissenschaften, einen Überblick darüber zu bieten, wo und wann es solche Umwandlungen schon einmal gegeben hat und in welche Systematik sie sich gegebenenfalls bringen lassen. Ich möchte mit dieser Aufzählung nur umreißen, welche Phänomene den Gegenstand dieser Arbeit bilden; im Weiteren soll es darum gehen, welche philosophischen Erkenntnisse aus der Beschäftigung mit ihnen gezogen werden können.

Ich nenne die Phänomene, um die es geht, *Transformationen.* Der Terminus hat den Vorteil, in der Philosophie noch nicht anderweitig belegt zu sein – ›Transformation‹ hat in keinem mir bekannten philosophischen Wörterbuch einen Eintrag – und somit begriffsgeschichtlich weniger vorbelastet zu sein als zum Beispiel ›Metamorphose‹. Das Wort wirkt zudem, wie ich finde, nüchterner als ›Verwandlung‹ und hat im Gegensatz zu ›Umformung‹ keine spezifische technologische Bedeutung[8].

1.2 Erkenntnisinteresse

Dass eine philosophische Beschäftigung mit diesen Phänomenen überhaupt nötig ist, geht meiner Ansicht nach vor allem daraus hervor, dass wir bisher keine soliden Erklärungen dafür haben, warum Transformationen bedeuten, was sie bedeuten. Friedmanns Bericht

8 Beim Metallguss beispielsweise handelt es sich fertigungstechnisch gemäß DIN 8580 nicht um ein Umformen, sondern um ein Urformen.

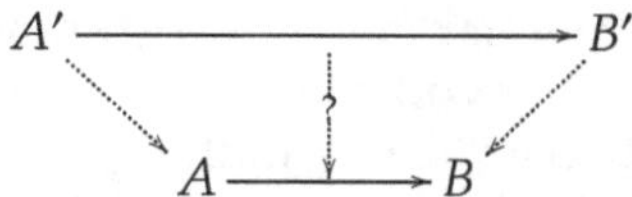

Abbildung 1: Eine Umwandlung, die ›für‹ eine andere ›steht‹

sagt, dass die am Umguss Beteiligten »zerstören, was zerstört werden muss« – womit wohl die unliebsamen Hinterlassenschaften der nationalsozialistischen Zeit insgesamt oder zumindest die ihrer Presse gemeint sind – und »das Sprachrohr der freien Meinung« aufbauen. Er spricht also, als wäre das Zerstören von Bleigegenständen und das Gießen von neuen eine direkte Manipulation von gesellschaftlichen Institutionen; als sei je das eine *im* anderen präsent; als gäbe es eine magische Fernwirkung.

Nach einer anderen Redeweise wird bei solchen Transformationen etwas ›symbolisch‹ oder ›metaphorisch‹ umgewandelt. Die beteiligten Gegenstände stehen »stellvertretend für« etwas anderes[9], statt direkt etwas zu manifestieren. Man spricht von Ersetzungslogik in Abgrenzung zur Manifestationslogik.[10] Entsprechend könnte ich für den Bleiguss formulieren: Die *Mein-Kampf*-Druckplatten ›stehen für‹ das nationalsozialistische Deutschland beziehungsweise dessen Presse; die neuen Druckformen ›stehen für‹ die *Süddeutsche Zeitung* und damit das »neue, bessere Deutschland«. Dies bietet zwar erste Ansätze dafür, zu erklären, wie Transformation überhaupt funktioniert; aber der Wirkmechanismus ist damit nicht beschrieben.

Sage ich »A′ steht für A, B′ steht für B, also steht eine Umwandlung von A′ in B′ für eine Umwandlung von A in B« (siehe auch Abbildung 1; durchgezogene Pfeile bedeuten ›wird umgewandelt in‹, punktierte Pfeile ›steht für‹), dann ist damit nicht viel Licht in

9 Vgl. Loers, S. 260.

10 Vgl. Schönrich, Gerhard, Semiotik zur Einführung. Hamburg: Junius, Oktober 1999, Zur Einführung 204, S. 47f.

die Sache gebracht. Bildet die erste Umwandlung die zweite ab? Bildet sie eine Art Plan oder Herstellungsvorschrift dafür, wie die zweite Umwandlung erst vollzogen werden soll? Und wieso ist es so selbstverständlich, dass ›Umwandlungen‹ einfach für einander stehen können, obwohl der Umguss von Gießmetall in jeder Hinsicht etwas völlig anderes ist als der Umbau eines Staates, einer Gesellschaft und einer Presselandschaft?

Ich habe den ›steht für‹-Pfeil zwischen den beiden Umwandlungspfeilen mit einem Fragezeichen versehen, um zu markieren, dass die Art dieser Beziehung noch nicht einmal im Ansatz ermittelt ist. Aber abgesehen davon bringt die Redeweise, etwas ›stehe für‹ etwas anderes, auch bei den nicht mit Fragezeichen versehenen Pfeilen durchaus Klärungsbedarf mit sich – eine ganze philosophische Disziplin[11], die Semiotik, befasst sich mit solchen Aussagen.

– Es lässt sich, wie ich finde, ruhigen Gewissens ausschließen, dass Friedmann oder jemand sonst unter den Initiatoren, Beteiligten und Zeugen des Bleigusses diesen Vorgang als einen machtvollen Zauber betrachtete, der unmittelbar durch sein Stattfinden die Entnazifizierung der deutschen Presse bewirken sollte. Man kann den Verantwortlichen aber unterstellen, dass sie die Inszenierung des Bleigusses im Hinblick auf eine bestimmte damit zu erreichende Wirkung planten und nicht bloß als eine zweckfreie Dekoration.

Es geht also darum, auf die Frage *Wie bedeuten Transformationen?* eine Antwort zu finden, die ohne die unbrauchbare Annahme einer magischen Fernwirkung auskommt, die präziser und bestimmter ist als die skizzierte ›steht für‹-Formel, und die verständlich zu machen vermag, warum es sinnvoll sein kann, zu bestimmten Gelegenheiten Transformationen zu veranstalten.

Sich mit Sinn und Bedeutung, mit Zeichen, die ›für etwas stehen‹ und dem Handeln von Akteuren, die Zwecke verfolgen, auseinanderzusetzen, gehört zum Kerngeschäft der Philosophie; darum also

11 Nach manchen Meinungen sogar eine ganze eigene Wissenschaft, vgl. SCHÖNRICH, *Semiotik zur Einführung*, S. 7ff.

ist diese Arbeit eine philosophische. Sicher ist auch eine sozialwissenschaftliche oder psychologische Auseinandersetzung mit dem Thema möglich, und insbesondere die Sozialwissenschaften sind für die verwendete philosophische Literatur auch wichtige Begriffslieferanten gewesen[12]. Mein Anspruch ist es jedoch nicht, Befunde und Korrelationen über die empirische Realität von Transformationen aufzustellen, sondern ein abstraktes Rekonstruktionsschema für Transformationen schlechthin zu entwickeln.

1.3 Vorgehensweise

Um eine philosophische Untersuchung von Transformationen zu ermöglichen, ist zunächst nachzuweisen, dass diese Klasse von Vorgängen jenseits einer bloßen Aufzählung definiert werden kann. Dies soll in Kapitel 2 geschehen. Dort soll, ansetzend bei meinem Eingangsbeispiel, ein Schema entwickelt werden, das dazu geeignet sein soll, Transformationen allgemein zu beschreiben; ich möchte sagen können, was bei einer Transformation grundsätzlich passiert.

Zwar spielt dabei die Prämisse, dass Transformationen immer etwas bedeuten, bereits eine Rolle, aber ich möchte noch nicht genauer darauf eingehen, *was* dies in den verschiedenen Einzelfällen sein kann. Damit werde ich mich im Kapitel 3 befassen. Eine weitere Annahme, die dafür wichtig sein wird, ist die, dass Transformationen grundsätzlich institutionelle Phänomene sind; auch dies werde ich versuchen zu begründen.

Die Hauptarbeit geschieht dann in Kapitel 4, wo es darum geht, *wie* die Bedeutungen von Transformationen zustande kommen. Dies setzt die Ergebnisse der vorhergehenden Kapitel in Beziehung: Ich werde bis dahin dargelegt haben, was bei einer Transformation passiert und was sie bedeuten kann; ausgehend davon möchte ich

12 Vgl. Schönrich, Gerhard, »Der Garten der Pfade, die sich verzweigen«. Zur Ontologie von institutionellen Prozessen. In: Ders. (Hrsg.), Institutionen und ihre Ontologie. Frankfurt am Main (Heusenstamm) / Paris / Ebikon / Lancaster / New Brunswick: ontos, 2005, Metaphysical Research 3, S. 265ff.

herausfinden, inwiefern die Bedeutung jeweils dadurch bestimmt ist, was konkret geschieht.

Die Ergebnisse soll ein Zwischenresümee in Kapitel 5 festhalten: Ich werde dort unter Verwendung der bis dahin gewonnen Erkenntnisse das Umguss-Beispiel neu beschreiben.

In Kapitel 6 will ich abschließend versuchen, das Transformationsschema auf weitere Fälle anzuwenden, in denen anscheinend etwas transformiert wird, wo sich aber keine konkreten, materiellen Einzelgegenstände als Gegenstand einer Umwandlung mehr ausmachen lassen. Dies soll zur weiteren Praxiserprobung des Schemas dienen und damit einen Ausblick darauf eröffnen, welche Leistungen es in Zukunft vielleicht erbringen kann.

Mein abschließendes Fazit in Kapitel 7 kann ziemlich knapp bleiben, da die Zusammenfassung der Ergebnisse und der weitere Ausblick bereits vorher erfolgt sein werden. Ich möchte dort vor allem versuchen, mit etwas Abstand zu beurteilen, welche Schritte meines Vorgehens eventuell angreifbar sind, in welche Richtung das Vorgezeichnete noch ausgebaut werden könnte, und welche Anregungen für andere philosophische und nichtphilosophische Disziplinen von ihm ausgehen könnten. Eine stichpunktförmige Rekapitulation der Argumentationsschritte beschließt die Arbeit (S. 117). Sie gehört nicht zum Haupttext, da sie inhaltlich nichts mehr beiträgt.

1.4 Verwendete Literatur

Diese Arbeit unterscheidet sich von vielen anderen philosophischen Abhandlungen dadurch, dass sie sich nicht an einem oder mehreren Primärtexten orientiert. Mein Untersuchungsgegenstand ist kein Text, sondern eine Klasse von Kulturphänomenen, und bei seiner Bearbeitung stütze ich mich auch nicht auf ein einzelnes Werk oder auch nur einen einzelnen Primärautoren.

Es gibt jedoch durchaus einen einheitlichen theoretischen Hintergrund für meine Überlegungen, nämlich die Arbeiten im Sonderforschungsbereich 537 »Institutionalität und Geschichtlichkeit« an der Technischen Universität Dresden, besonders im Teilprojekt L (»Philosophische Theorie«) unter Leitung von Gerhard Schönrich.[13] In diesem Rahmen sind vielfältige Texte von hohem philosophischem Abstraktionsgrad entstanden, die sich mit Fragen von Bedeutung und Symbolisierung in der kulturellen Lebenswelt auseinandersetzen und sich für mein Vorhaben in vielfältiger Weise auswerten ließen.

Meine theoretischen Hauptquellen sind daher zunächst verschiedene Monographien und Aufsatzbände aus dem genannten Sonderforschungsbereich. Dessen gesamte philosophische Arbeit wiederum beruht auf der Zeichentheorie von Charles Sanders Peirce. Es erleichtert mein Vorgehen natürlich erheblich, wenn ich mich an dasselbe Handwerkszeug halte wie die von mir genutzte Literatur; es sprechen jedoch auch gewichtige inhaltliche Gründe dafür, in dieser Arbeit Peirce-Semiotik zu verwenden. Damit will ich nicht kategorisch ausschließen, dass sich meine Überlegungen vielleicht auch mit Hilfe eines anderen semiotischen Modells darstellen ließen, aber meine Entscheidung für das peircesche halte ich denn doch für hinreichend begründet. Dies wird dort, wo ich Peirce' Theorie einführe, noch einmal ausführlich besprochen (siehe Abschnitt 4.1.1).

Es sei trotzdem noch einmal ausdrücklich betont, dass diese Arbeit, obwohl sie nicht umhin kommt, der Peirce-Semiotik viele Seiten zu widmen, zwar *mit* Peirce arbeitet, aber nicht in erster Linie eine Arbeit *über* Peirce ist. Eine umfassende Einführung in

13 Projektpräsentation und Veröffentlichungslisten des SFB 537 sind leider nicht mehr online abrufbar, wohl, da der Forschungsbereich 2008 beendet wurde. Unter http://tu-dresden.de/die_tu_dresden/fakultaeten/philosophische_fakultaet/ifpw/poltheo/forschung/sfb_537 (letzter Zugriff am 23.08.2011) lassen sich immerhin noch eine Kurzzusammenfassung und einige Literaturhinweise finden.

die peircesche Philosophie kann sie genauso wenig leisten wie ihre systematische Bewertung oder historische Einordnung.

2 Was bei Transformationen geschieht

Die Überlegungen dazu, was bei Transformationen überhaupt geschieht, möchte ich bei meinem einleitenden Beispiel, dem Umguss anlässlich der Herstellung der ersten Süddeutschen Zeitung, beginnen. Es wird hier eine *Transformationshandlung* vollzogen und dabei ein Vorher und ein Nachher abgegrenzt: Auf der Vorher-Seite, als *Edukt,* stehen die alten Druckplatten, die eingeschmolzen werden; auf der Nachher-Seite steht das *Produkt,* die neuen Druckplatten, zu denen das Material vergossen wird.

2.1 Edukte und Produkte

Dass eine Transformation ein Edukt und ein Produkt hat, heißt nicht einfach, dass sie Materie benötigt und wiederum Materie als Ergebnis hinterlässt. Ein zeremonielles Einschmelzen der *Mein-Kampf*-Druckplatten hätte kein Produkt, ein zeremonielles Neugießen der SZ-Druckformen kein Edukt, obwohl natürlich in beiden Fällen weder Materie verschwände noch aus dem Nichts erschaffen würde. Dem Bleimaterial, das entsteht oder verarbeitet wird, kommt nur keine besondere Bedeutung zu.

Um Produkt oder Edukt zu sein, muss ein Gegenstand (oder eine Menge von Gegenständen) also nicht bloß in einer Transformation auf- oder aus ihr hervorgehen, sondern Bedeutungsträger sein, das heißt: als bedeutungstragend beschrieben werden. Ob eine Handlung eine Transformation ist, ist demnach eine Interpretationsfrage.

Bloße Vernichtungen wie ein Bildersturm oder eine Bücherverbrennung sind keine Transformationen: Es geht nicht um die Umwandlung von Statuen in Trümmer oder von Büchern in Asche, sondern um die Auflösung der Bücher oder Statuen als solche. Genauso wenig ist es eine Transformation, eine Statue oder ein Buch aus nicht weiter erwähnenswerten Rohmaterialien herzustellen.

Ich möchte die Unterscheidung noch einmal an einem Metallguss-Beispiel verdeutlichen: Wenn, wie in vielen Kriegen geschehen, Gegenstände aus bestimmten Metallen eingesammelt und als Rohmaterial für die Kriegsproduktion verwendet werden, ist dies zunächst keine Transformation. Eine solche wird erst dann daraus, wenn der Vorgang so beschrieben wird, dass bestimmte Gegenstände oder Gegenstandsklassen als Edukte und Produkte auftauchen sowie dem Umwandlungsgeschehen eine besondere Bedeutung zugewiesen wird. Dies ist zum Beispiel der Fall, wenn die Herstellung von Bronzekanonen aus Kirchenglocken ein Mitwirken der Kirche oder die Herstellung von Führungsringen für Granaten aus kupfernen Töpfen und Pfannen ein Mitwirken der bürgerlichen Hausfrauen am Kriegswerk bedeuten sollen.

Es scheint also, dass man von einer Transformation nur dann reden kann, wenn Edukt und Produkt eine ähnliche ›Fertigungstiefe‹ aufweisen. Im anderen Fall überwiegt der Eindruck einer Auflösung in oder einer Herstellung aus anonymen, amorphen, wenig komplexen Rohmaterialien, nicht der einer Umwandlung.

2.2 Warum bindet die Transformationshandlung?

Einschmelzen und Gießen, also Auflösen des Edukts und Schaffen des Produkts, finden im Eingangsbeispiel zwar zeitlich um einige Minuten getrennt statt, gehören aber zusammen: Hätte man das Blei der alten Platten einfach in Barren gegossen und in ein Regal gelegt, wäre der Bezug zwischen Edukt und Produkt genauso wenig hergestellt worden, als hätte man die neuen Formen aus frischem Blei hergestellt.

Auf der anderen Seite wäre die Bedeutung nicht verloren gegangen, wenn Auflösen des Edukts und Neuschaffen des Produkts untrennbar zusammengefallen wären, falls man zum Beispiel (unrealistischerweise) in einem einzigen Pressvorgang die alten in die neuen Platten umgeformt hätte, wie man es vielleicht mit einer Münze oder Medaille tun kann. Ich betrachte es also als vernachlässigbar, ob die Handlung, die das Edukt zum Produkt macht, in Teilschritte aufgelöst werden kann oder nicht, und spreche im Weiteren einfach von einer Transformationshandlung, auch wenn diese ein Komplex aus mehreren zusammenhängenden Handlungen sein sollte.

Zu beantworten bleibt die Frage, was genau die Transformationshandlung nun zu einem gleichzeitigen und untrennbaren Auflösen des Edukts und Herstellen des Produkts macht – denn mit dieser Bindewirkung steht und fällt das gesamte hier vorgestellte Modell.

2.2.1 Materialontologischer Ansatz

Bei den bisher betrachteten Beispielen sieht es so aus, als sei das Bindeglied zwischen Edukt und Produkt das beiden gemeinsame Material: Das Blei verliert seine Form und gewinnt eine neue. Die Transformationshandlung selbst wäre dann nur die technische Realisierung eines Entfernens gewisser Eigenschaften des Materials und des Hinzufügens anderer, beziehungsweise des Entfernens und Hinzufügen von Akzidenzien einer im einfachsten Sinne als sich durchhaltende Materie verstandenen Substanz.

Im Laufe dieser Arbeit werde ich Beispiele besprechen, bei denen von einem Material beziehungsweise einer Substanz in diesem Sinne keine Rede sein kann. Ohnehin hat es Vorteile, ohne eine Substanzontologie auszukommen. Die Welt überhaupt aus Gegenständen, die ›es gibt‹ und die dann noch Eigenschaften haben können, zusammengesetzt zu sehen, macht es beispielsweise erstaunlich schwer, ohne logische Komplikationen davon zu reden, dass ein Gegenstand sich verändert.[1] Aus diesen Komplikationen

1 Vgl. Hübner, Johannes, Das Problem der Veränderung. In: Schönrich, *Institutionen und ihre Ontologie*, S. 239–264.

heraus kommt man beispielsweise dann dadurch, dass man Gegenstände nur noch als Zustandsträger anspricht[2] oder konsequent alles, was in der Welt ist, als gegebenenfalls stellenweise gebündelte (›konfigurierte‹) einfache Verhalte[3] beschreibt[4]. Jede Rede von einem Gegenstand, einem Zustand oder einem Vorgang wäre damit letztlich nur eine bestimmte Form der Rede von konfigurierten Verhalten.

Mit dem Fallenlassen der kategorialen Unterscheidung zwischen Gegenständen und Eigenschaften wird auch die zwischen Substanzen und Akzidenzien hinfällig. Einfache Verhalte in ›substanzielle‹ und ›akzidenzielle‹ einzuteilen, brächte diese Unterscheidung schließlich bloß durch die Hintertür wieder herein. Ohne an dieser Stelle zu weit abzuschweifen, sei auch noch angemerkt, dass eine Ontologie, die mit solchen Verhalten arbeitet, sich ins Phänomenologische wenden und damit von der Vorstellung einer objektiven äußerlichen Realität losmachen lässt.[5]

Aber bereits ohne Rückgriff auf eine allgemeine Kritik an Gegenstandsontologie lässt sich zeigen, dass es verfehlt wäre, das Besondere der Transformation an einer Kontinuität von Material festzumachen. Dies nicht nur, weil es, wie oben gezeigt, nicht reicht, dass Material verarbeitet wird, damit von einem Edukt oder Produkt gesprochen werden kann, sondern auch, weil es Akte geben

---

2 Vgl. Hübner, S. 245ff.

3 Ich schreibe »Verhalte«, da ›Sachverhalt‹ die Anwesenheit einer ›Sache‹, ›Verhältnis‹ hingegen einen zweistelligen Bezug suggerieren könnte.

4 Vgl. Puntel, Lorenz Bruno, Was ist eine Institution in ontologischer Hinsicht? In: Schönrich, *Institutionen und ihre Ontologie*, S. 33ff.

5 Eine Phänomenologie ist denn auch nach seinem eigenen Dafürhalten die methodische Grundlage der Philosophie meines wichtigsten Primärautors Peirce. Seine Kategorienlehre lässt sich als eine Weise sehen, Verhalte zu sortieren und die Arten ihres Zusammengehens zu Konfigurationen zu beschreiben, wobei Verhalte die Ergebnisse der aller Vernunft unterliegenden hypostatischen Abstraktion sind; vgl. Pape, Helmut, Einleitung. In: Charles Sanders Peirce, Semiotische Schriften. Band 2. 1903–1906. Herausgegeben und übersetzt von Christian Kloesel und Helmut Pape. Frankfurt am Main: Suhrkamp, 1990, S. 18ff., bes. 28ff.

kann, bei denen keine materielle Kontinuität zwischen Edukt und Produkt besteht, die aber trotzdem plausibel als Transformationen fungieren.

Zunächst einmal ist einem Akt, bei dem sich nicht die Form, sondern das Material eines Gegenstandes selber ändert, mit dem materialontologischen Kriterium schwer beizukommen. Zugegebenermaßen sind solche Akte eher selten; es ließe sich an den Ersatz einer Holz- durch eine Marmorstatue denken oder an die goldenen Sonderprägungen, die von sonst aus unedlem Metall hergestellten Kursmünzen vieler Währungen existieren. Man könnte es sich leisten, solche Fälle schlicht zu ignorieren. Um sie einzubeziehen, könnte man gegebenenfalls definieren, dass bei einer Transformation statt des Materials auch die Form das sein kann, was bei Edukt und Produkt gleich bleiben muss, solange sich das jeweils andere ändert.[6]

Eine solche Rettung ist jedoch meiner Ansicht nach gar nicht nötig, weil der materialontologische Ansatz bereits an viel grundlegenderer Stelle scheitert. Transformationen, die handfest im Materiellen stattfinden und doch kaum bis gar nicht als Materialumformungen beschreibbar sind, finden sich beispielsweise im Bauwesen. So wird meines Wissens beim Wiederaufbau des Berliner Stadtschlosses nahezu gar kein Material des gesprengten Originalbaus verwendet; der Neubau wird völlig anderen Zwecken dienen als der Altbau und

---

6 Dies streift die klassische, oft am Gedankenexperiment vom »Schiff des Theseus« diskutierte Frage nach der Identität sich verändernder Gegenstände mit sich selbst, in der die Substanzontologie an ihre Grenzen stößt, und die mehrfach dahingehend gelöst wurde, dass materiellen Gegenständen – zumindest, soweit sie unbelebt sind – generell eindeutige Identitätsbedingungen abgesprochen werden; vgl. Wachter, Daniel von, Ein bemerkenswerter Unterschied zwischen Personen und Schiffen. In: Löffler, Winfried und Edmund Runggaldier (Hrsg.), Vielfalt und Konvergenz der Philosophie. Vorträge des Fünften Kongresses der Österreichischen Gesellschaft für Philosophie Innsbruck. Teil 1. Wien: Hölder-Pichler-Tempsky, Februar 1998; sowie: Kanzian, Christian, Institutionelle Artefakte. Oder: Zum Glück existiert mein Bankkonto. In: Schönrich, *Institutionen und ihre Ontologie*, S. 223ff.

ihm höchstens in vielem ähneln, keineswegs gleichen.[7] Dennoch wird etwa Wiederaufbaugegnern, die beklagen, es werde ein Symbol des preußischen Militarismus rehabilitiert, entgegengehalten, es handle sich bei dem Wiederaufbau ja zugleich gewissermaßen um einen *Umbau* einer Stadtresidenz in einen Museumskomplex nach dem Vorbild beispielsweise des Pariser Louvre. Es halten also zumindest einige Betrachter für möglich, ein Schloss, das nicht mehr existiert, mit großem zeitlichen Abstand in ein Museum umzubauen, ohne dass Material vom Edukt zum Produkt übertragen würde. Vergleichbar ist der Wiederaufbau zerstörter Sakralbauten als Profanbauten, wofür es mit der Neuen Kirche (»Deutscher Dom«) ebenfalls ein Beispiel in Berlin gibt.

Um nicht ganz vom Eingangsbeispiel abzukommen: Würde die *Süddeutsche Zeitung* statt 1945 erst heute neu gegründet, könnte man den Bleisatz von *Mein Kampf* gar nicht weiterverarbeiten, da Zeitungen heute nicht mehr auf Blei gedruckt werden. Es ließen sich aber Mittel und Wege denken, um trotzdem eine wirkungsvolle Transformationszeremonie zu veranstalten. Einfache zeitliche und räumliche Nähe könnten dazu schon ausreichen. Es ließe sich beispielsweise eine Apparatur vorstellen, die misst, wann alle Bleiplatten im Ofen zerschmolzen sind, und zu diesem Zeitpunkt die Herstellung der Offset-Druckformen auslöst. Um die Verbindung noch deutlicher zu machen, könnte man die Belichtungsmaschine vielleicht auch so steuern, dass jedes Einschmelzen einer Bleiplatte das Herstellen einer Druckform bewirkt. Das Ganze ließe sich eventuell in eine ›black box‹ verpacken, die nach außen hin eine maschinelle Umwandlung von Blei in Offsetformen zu bewerkstelligen schiene. Die Erscheinung des Geschehens wäre die einer Transformation, unabhängig von jeder Materieübertragung.

7 Selbst in dem unwahrscheinlichen Falle, dass der Stella-Entwurf in letzter Sekunde verworfen werden und sich die Forderung durchsetzen sollte, auch die vierte Fassade und die Höfe voll zu rekonstruieren statt sie neu zu entwerfen, wird der Budgetrahmen es effektiv verhindern, dass die Steinmetzarbeiten des Originals in vollem Umfang wiederhergestellt werden.

Auf der anderen Seite ist selbst materielle Kontinuität kein Garant für eine aussagekräftige Transformation: Hätten die Initiatoren der Süddeutschen Zeitung das Blei von *Mein Kampf* zu Barren abgegossen, diese vergraben und erst einige Tage später wieder zum Guss der Druckformen verwendet, wäre das Ergebnis wohl durchaus weniger effektvoll gewesen.

Meines Erachtens zeigen die Gegenbeispiele wie auch die grundsätzlichen Zweifel daran, dass es sinnvoll ist, über die (insbesondere materielle) Substanz von Gegenständen, über Identität von Gegenständen mit sich selbst oder auch nur über Gegenstände als basale ontologische Einheiten überhaupt zu reden, dass es nicht das gemeinsame Material von Edukten und Produkten ist, die eine Paarung von Auflösungs- und Herstellungshandlung zu einer Transformation verbindet.

2.2.2 Handlungstheoretischer Ansatz

Mein Vorschlag ist es daher, nicht ein außerhalb des Transformationsgeschehens zu findendes ›natürliches‹ Gemeinsames als Bindeglied zwischen Edukt und Produkt zu suchen, sondern das bereits zweifelsfrei vorliegende Gemeinsame als Bindeglied zu nutzen, nämlich die Transformationshandlung, in die beide verwickelt sind. Im Gegensatz zum materialontologischen Ansatz wird damit nicht nachträglich anhand der *Folgen* einer Handlung für involvierte Gegenstände konstatiert, dass diese eine Transformationshandlung gewesen sei, sondern anhand der *Zwecke,* die sie verfolgt.

Zweck heißt nach der von mir verwendeten Definition »derjenige Sachverhalt [...], den ein handelnder Mensch *herbeiführen, erreichen, aufrechterhalten* oder *vermeiden* will«[8], wenn er handelt. Dabei können Zwecke untergeordnete Zwecke einschließen oder

8 Janich, Peter, Logisch-pragmatische Propädeutik. Ein Grundkurs im philosophischen Reflektieren. Weilerswist: Velbrück Wissenschaft, 2001, S. 34, Hervorhebungen im Original.

selbst in übergeordnete Zwecke *(Oberzwecke)* eingeschlossen sein.[9] So kann beispielsweise die Handlung, Wein aus einer Flasche in ein Glas einzuschenken, gleichzeitig die Zwecke verfolgen, das Glas zu füllen, jemanden betrunken zu machen und eine wichtige Geschäftstransaktion zum Abschluss zu bringen.[10]

Handlungen können verschiedene, notwendig miteinander verbundene Folgen haben. So wird das Einschenken, wenn es richtig vollzogen wird, notwendigerweise sowohl das Glas füllen als auch die Flasche teilweise oder ganz entleeren. Die Beschreibung des Einschenkens als ein Füllen des Glases und seine Beschreibung als ein Leeren der Flasche sind unabhängig von Zwecksetzungen berechtigt.[11] Es ist *technisch notwendig,* dass ein Einschenken beide Folgen hat. Genauso technisch notwendig können Einzelhandlungen miteinander zu einer Handlungskette (und damit übergeordneten Handlung) verbunden sein: Um aus einer neuen Flasche einzuschenken, ist es technisch notwendig, diese vorher zu öffnen.[12]

---

9 Damit will ich nicht behaupten, dass sich jede Handlung in eine bruchlose und sauber nach unten und oben abgeschlossene Stufung von Zwecken einbeschreiben lasse; zur Kritik dieser Konzeption vgl. Gutmann, Mathias, Erfahren von Erfahrungen. Dialektische Studien zur Grundlegung einer philosophischen Anthropologie. Bielefeld: transcript, 2004, Edition panta rei [sic], S. 575ff.

10 Ob deswegen auch die *Handlungen* des Füllens, des Betrunkenmachens und des Den-Abschluss-Herbeiführens identisch sind, ist fraglich. Dass verschiedene Beschreibungen, ohne synonym zu sein, dieselbe Handlung zutreffend beschreiben können, ist wohl kaum abzustreiten; die Annahme, Handlungen seien robuste Entitäten, über deren Identität man sinnvoll und anhand präziser Kriterien reden könne, ohne ihre Zwecke und Folgen zu berücksichtigen, führt jedoch in logische Verwicklungen. Vgl. Bräuer, Holm, Machtereignisse. In: Schönrich, *Institutionen und ihre Ontologie*, S. 310ff.

11 Meistens wird das Leererwerden einer Flasche beim Einschenken weniger bezweckt denn als unbeabsichtigte Nebenfolge hingenommen, es sei denn, es handle sich um schlechten Wein.

12 Vgl. das »Prinzip der methodischen Ordnung« in der Philosophie Erlanger/Konstanzer/Marburger Schule, z.B. bei Janich, 53ff. u. passim.

Andererseits gibt es Handlungszusammenhänge, die durch Zwecksetzungen hergestellt werden: Nicht jedes Einschenken von Wein dient dazu, einen Vertragsabschluss zu erleichtern, und nicht jeder Vertragsabschluss kommt notwendigerweise unter Einschenken von Wein zustande. Ob das Einschenken des Glases Wein Teil des Zustandebringens des Vertrages ist oder nicht, ist davon abhängig, welcher Zweck damit verfolgt wird – womöglich ist der einzige verfolgte Zweck ja, ein adäquates Getränk zu einem Geschäftsessen zu servieren. Über Zwecke kann nur in Form von nachträglichen Zweckzuschreibungen geredet werden, ob durch den Handelnden selbst oder durch Dritte.

Das Kriterium, an dem sich für mich von nun an entscheiden soll, ob eine Transformation vorliegt oder nicht, besteht demnach darin, dass das Auflösen des Edukts und das Herstellen des Produkts *zweckhaft* so miteinander verbunden sind, dass man sie als ein einheitliches Handeln beschreiben kann. Diese Absicht muss sich, damit sie erkennbar wird, auch äußern, und zwar darin, dass es nicht technisch notwendig ist, dass genau diese beiden Handlungen an genau diesen Gegenständen zusammengespannt sind. Zur Verdeutlichung: Es war technisch notwendig, den Bleisatz für die erste Süddeutsche Zeitung aus Blei zu gießen; es ist technisch notwendig, eine Replik des Berliner Schlosses auf einen freien Platz zu bauen; aber es war weder technisch notwendig, das Blei aus den Druckplatten von *Mein Kampf* zu erschmelzen noch ist es technisch notwendig, die Schlossreplik auf den Platz zu bauen, wo einst das alte Schloss stand.

Dieser ›Überschuss‹ gegenüber dem technisch Notwendigen kann genauso am Produkt oder am Handeln bestehen wie am Edukt. Um eine stillliegende Steinkohlenzeche zu einem Kulturzentrum umzugestalten, müssen notwendigerweise bestimmte Bauleistungen erbracht werden; es ist aber nicht technisch notwendig, dass ehemalige Arbeiter aus dieser Zeche diese erbringen. Aus dem Metall verschrotteter Landminen werden bei Weiterverwendung notwendigerweise Metallprodukte entstehen; es ist aber nicht technisch notwendig, dass es sich bei diesen Produkten um Prothesenteile für versehrte Landminenopfer handelt.

Ausschlaggebend ist, dass mindestens ein Element des Transformationsgeschehens gegenüber einer minimalen technischen Beschreibung *überbestimmt* ist und damit die Bezwecktheit der Zusammenordnung von Auflösungs- und Herstellungshandlung markiert. Eine noch aufzustellende Typologie von Transformationen könnte damit operieren, dass diese Überbestimmung von Fall zu Fall unterschiedlich gelagert ist; es scheint mir mindestens zwei Hauptsorten von Transformationen zu geben, nämlich gegenstandszentrierte, bei denen die Überbestimmung von Edukt und Produkt im Vordergrund steht, und handlungszentrierte, bei denen die Überbestimmung des Handelns im Vordergrund steht.

– Ich möchte natürlich keinesfalls abstreiten, dass es erheblich zur ›Durchschlagskraft‹ einer Transformation beitragen kann, wenn sie als ein Umformen eines Materials auffassbar ist. Mir geht es nur darum zu zeigen, dass dieses Kriterium nicht benötigt wird – etwas, was spätestens ab Kapitel 6 von großer Bedeutung sein wird. Auch wird meine Argumentation nicht ungültig, wenn man eine Materialontologie unterstellt. Der handlungstheoretisch definierte Transformationsbegriff lässt sich unabhängig vom verwendeten Gegenstandskonzept anwenden; sein Umfang wächst und schrumpft mit dem Umfang der Klassen von Entitäten, die man als Edukte und Produkte zulässt.

2.3 Abgrenzung zur Umdeutung

Das Transformationshandeln muss sich, wie gesagt, plausibel sowohl als eine Auflösung des Edukts als auch als ein Schaffen des Produkts beschreiben lassen – »zerstören und zugleich aufbauen«[13]. Durch dieses notwendige Auf- und Abbauen lässt sich die Transformation vom bloßen Umdeuten oder Umwidmen abgrenzen. Einen Schraubenzieher zu benutzen, um eine Farbdose zu öffnen,

13 Friedmann, S. 3, Bl. 2.

ist keine Transformation, da keine Handlung vollzogen wird, die gleichzeitig als Auflösen des Schraubenziehers und Neuschaffen eines ›Farbdosenöffners‹[14] beschreibbar wäre.

Einen Grenzfall stellen zum Beispiel rein verbale Umwidmungen dar: Ein sakraler Raum einer Religion kann eventuell durch Aussprechen einer Weiheformel in einen sakralen Raum einer anderen Religion umgewandelt werden, ohne dass sich der Raum dadurch veränderte. Es ist also eine Handlung identifizierbar, die Vorher und Nachher abgrenzt. Mir scheint dies nicht ohne weiteres als Transformation beschreibbar, da der Akt auf nichts verweist: Die Weihe *bedeutet* nicht, dass sich der Status der Raums ändert, sondern sie führt diese Veränderung direkt herbei; sie ist ein technischer Akt, der aus einem Raum einer Sorte einen Raum einer anderen Sorte macht. Sie kann aber eventuell als Transformation fungieren, wenn ihr eine Bedeutung zugeschrieben wird, zum Beispiel als Sinnbild des Sieges in einem Glaubenskrieg.

Dennoch besteht die Möglichkeit, dass Edukt, Produkt oder beides ihre Bedeutung nicht bereits ohne weiteres haben, sondern sie erst im Rahmen der Transformationshandlung gewinnen: Dass ein paar Kilogramm Bleisatz eine Bedeutung haben können, die sie zum Träger politischer und geschichtlicher Symbolik machen, ist nicht selbstverständlich. Man kann wohl annehmen, dass ein Satz Druckplatten von *Mein Kampf* im Oktober 1945 bereits ein allgemeinverständliches Symbol für Hitler und den Nationalsozialismus darstellte, bevor symbolische Handlungen an ihm vollzogen wurden; dass die Druckformen der Erstausgabe einer Tageszeitung eine neue Epoche, ein »besseres Deutschland« bedeuten sollten, wurde hingegen erst durch die Transformation etabliert. Insofern kann eine Transformation eine Umdeutung eines Gegenstandes einschließen.

Die Transformationshandlung kann jedoch auch gegenüber Edukt und Produkt zurücktreten. Der Guss der Reichstagsinschrift aus erbeuteten Kanonen fand nicht als öffentlich zelebrierter Akt statt,

14 Der Fachausdruck ist wohl ›Dosenschlüssel‹.

sondern wurde von der Bronzegießerei Loevy erledigt, der die Geschütze vorher vom Staat zur Verfügung gestellt worden waren. Die Gießerei wirkte als eine Art ›black box‹, wie sie weiter oben beschrieben worden ist: Auf der einen Seite gingen Kanonen hinein, auf der anderen Seite kamen Metallbuchstaben heraus, und auf Grund der vorher ergangenen Weisungen war anzunehmen, dass wirklich Handlungen vollzogen wurden, die das eine in das andere verwandelten. Wann und wie dies genau geschah, ist von untergeordneter Bedeutung. Dass nicht ohne weiteres für jedermann kontrollierbar ist, ob die Lettern wirklich aus den Kanonen gegossen wurden, tut dem Charakter der Transformation genauso wenig Abbruch. Anders als bei einer Weihe oder Umwidmung ist eine Transformation nicht daran gebunden, dass eine transparente öffentliche Zeremonie stattfindet, auch wenn dies üblicherweise der Fall sein wird.

2.4 Definition

Aus den obigen Überlegungen ergibt sich für den weiteren Fortgang der Argumentation folgende Definition:

> *Eine Transformation ist ein Handeln, das als Auflösung eines oder mehrerer Edukte und damit verbundene Neuschaffung eines oder mehrerer Produkte beschrieben werden kann. Dabei müssen Edukt und Produkt eine vergleichbare Schöpfungshöhe aufweisen und die Verbindung zwischen Auflösung und Neuschaffung darf nicht nur durch eine technische Notwendigkeit bedingt, sondern muss absichtlich hergestellt sein. Dies ist daran erkennbar, dass mindestens eines der drei Momente (Edukt, Produkt, Transformationshandlung) überbestimmt ist gegenüber den minimalen Anforderungen, die eine die beiden anderen Momente involvierende rein technische Umwandlung an sie stellte.*

3 Was Transformationen bedeuten

Im vorigen Kapitel habe ich versucht zu beschreiben, was man die Anatomie von Transformationen nennen könnte. Dabei habe ich zwar bereits, wenn ich einzelne Beispiele angesprochen habe, von Bedeutung geredet, allerdings ohne systematisch zu fassen, *was* Transformationen eigentlich bedeuten können. In diesem Kapitel möchte ich versuchen, mögliche Bedeutungen zu umreißen und zu klassifizieren.

Mich leitet dabei die Annahme, dass Transformationen ihre Bedeutungen im Selbstverständnis und der Selbstdarstellung von Institutionen entfalten. Ich möchte daher zunächst abhandeln, was ich in dieser Arbeit unter einer Institution verstehe.

3.1 Institutionen

Der Ausdruck ›Institution‹ wird in den verschiedensten Disziplinen gebraucht, von der Jurisprudenz über die Philosophie und die Sozialwissenschaften bis hin zur Theologie, und auch innerhalb der einzelnen Disziplinen besteht alles andere als Einigkeit über seine Verwendung.[1] Ulrich Baltzer spricht sogar von dem »für seine Vieldeutigkeit berüchtigte[n] Begriff der sozialen Institution«.[2]

Es scheint dennoch eine Art Grundkonsens darüber zu geben, was man sich unter einer Institution vorzustellen hat. Ein Kernbestand

1 Vgl. Dubiel, Helmut, Institution. In: Joachim Ritter und Karlfried Gründer (Hrsg.), Historisches Wörterbuch der Philosophie. Band 4. Darmstadt: Wissenschaftliche Buchgesellschaft, 1977, Spp. 418–424.

2 Baltzer, Ulrich, Symbole als die zeichenhafte Konstitution institutionellen Handelns und institutioneller Dauer. In: Melville, *Institutionalität und Symbolisierung*, S. 119.

von Eigenschaften und Leistungen, die zusammen ›Institutionalität‹ ausmachen, ist einigermaßen unumstritten.

3.1.1 Institutionen als Wirkungsbereiche von Institutionalität

Das Teilprojekt L des Sonderforschungsbereichs 537 »Institutionalität und Geschichtlichkeit« hatte sich zum Ziel gesetzt, eine philosophische Theorie von Institutionalität zu entwickeln; etwas, was es laut Projektpräsentation so noch nicht gebe.[3]

Gert Melville und Karl-Siegbert Rehberg schreiben zu dieser Programmatik:

> »Die [...] Zielsetzung [...] besteht nicht in der Untersuchung von ›Institutionen‹ als vermeintlich festgefügten Entitäten (verstanden etwa als ›Organisation‹, ›Körperschaften‹, ›Anstalten‹ etc.), sondern in der Analyse von institutionellen Mechanismen, die im Spannungsfeld von Wandel und intendierter Dauer eine Balance der Beständigkeit herstellen oder dies zumindest behaupten lassen.«[4]

> »Das meint auch der Titelbegriff ›Institutionalität‹: Nicht nur einzelne Institutionen oder Institutionalisierungsprozesse (so wichtig beide sind) stehen im Mittelpunkt des Interesses, sondern institutionelle *Mechanismen* als eine besondere Form der Stabilisierung sozialer Beziehungen.«[5]

Ich möchte mich dem anschließen, und zwar schon aus ganz praktischen Gründen. Zur Ontologie von Institutionen lassen sich vielfältige Fragen stellen, so etwa, welche Existenzform Institutionen haben – ›gibt es‹ Institutionen überhaupt? Wie sieht die ontologische Unterscheidung zwischen Institutionen und Nicht-Institutionen aus? Es wäre auch zu erörtern, wie verschiedene Institutionen

3 Vgl. hierzu die Fußnote zum SFB 537 auf Seite 9.

4 Melville, Gert, Vorwort. In: Melville, *Institutionalität und Symbolisierung*, S. V.

5 Rehberg, Karl-Siegbert, Weltrepräsentanz und Verkörperung. Institutionelle Analyse und Symboltheorien – Eine Einführung in systematischer Absicht. In: Melville, *Institutionalität und Symbolisierung*, S. 6, Hervorhebung im Original.

gegeneinander abgegrenzt sind und wie sie sich zusammenordnen oder schachteln lassen – ist zum Beispiel ›der deutsche Staat‹ eine Institution, obwohl er bei näherem Hinsehen in eine grob hierarchische Struktur einander vielfältig unter- und nebengeordneter Körperschaften zerfällt, denen Konvois von Fachbehörden beigegeben sind?

Auch wenn ich die Ontologie von Institutionen für ein hochinteressantes Thema halte, ist hier nicht der Platz, solche Fragen zu verhandeln.[6] Institutionen als »festgefügte Entitäten« sollen daher im Weiteren nicht vorkommen. Wenn ich von Institutionen spreche, möchte ich damit Wirkungsbereiche von Institutionalität, von »institutionellen Mechanismen« bezeichnen.

Dies ist für meine Zwecke ausreichend und erspart mir nicht nur eine nähere ontologische Diskussion, sondern zum Beispiel auch eine Klärung des Verhältnisses von Institutionen, Assoziationen und Organisationen, die über Gebühr Exkurse in die Soziologie erforderte. Die zwei Verwendungsweisen des Ausdrucks ›Institution‹, die man dort abgrenzen kann, nämlich zum einen die im Sinne von »Assoziationen und Organisationen« wie Universitäten und Krankenhäusern und zum anderen jene im Sinne von »sozialen Positionen«, die mit Rollen und sanktionierten Verhaltenserwartungen verknüpft sind[7], muss ich dabei nicht unterscheiden. Die Institution ›Universitätsstadt Marburg‹ ebenso wie die Institutionen ›Ehe‹ oder ›freie Presse‹ sind im Sinne dieser Arbeit kategorial gleich, nämlich angebbare Bereiche, in denen jeweils Institutionalität auf angebbare Weise waltet.

3.1.2 Kennzeichen von Institutionalität

Melville und Rehberg nennen in den weiter oben zitierten Stellen »Dauer«, »Balance der Beständigkeit« und »Stabilisierung« als

6 Eine ausführliche Diskussion verschiedener Fragen der Ontologie von Institutionen findet sich in Schönrich, *Institutionen und ihre Ontologie*.

7 Tegtmeier, Erwin, Soziologie und Ontologie der Institutionen. In: Schönrich, *Institutionen und ihre Ontologie*, S. 38.

Leistungen von Institutionen. Darüber hinaus ist die Rede von »selbststabilisierende[n] Leistungen«[8], »Kontinuitätsherstellung« und »Ordnungsstabilisierung«[9]. Die zeitliche Dauer ist auch eine der Eigenschaften, die in Wörterbuchdefinitionen von ›Institution‹ konsistent herausgestellt wird.[10]

Die andere solche Eigenschaft, die im Wort »Ordnungsstabilisierung« ebenfalls bereits anklingt, ist die, dass Institutionalität normative Wirkung entfaltet. Im Dunstkreis von Institutionen *soll* so gehandelt werden und nicht anders; etwas soll eine Ordnung haben, es wird etwas geregelt, reguliert:

> »Sozialregulationen betreffen Handlungen, die von Akteuren in Gemeinschaften oder als gemeinschaftliche Handlungen vollzogen werden. Unter dieser Beschreibung werden Institutionen im Kern als normativ verstandene Ordnungsmuster aufgefasst, die sich in der Gestalt von konstitutiven, präskriptiven und direktiven Regeln[...] in den jeweiligen Befolgungspraxen dauerhaft etabliert haben.«[11]

Das Zitat deutet bereits an, dass Institutionen nie mit dem von ihnen Geregelten identisch sind. Woraus auch immer beispielsweise die Institution eines regelmäßigen Festes besteht, sie besteht nicht aus jährlichen Festen. Das bloße Stattfinden eines Festes, ganz gleich wie oft und wie gleichmäßig, kann nicht verbindlich machen, dass auch weiterhin solche Feste stattfinden sollen.[12]

---

8 Melville, Institutionalität und Symbolisierung, S. V.

9 Rehberg, Weltrepräsentanz und Verkörperung, S. 10 u. 12.

10 Vgl. z. B. Prechtl, Peter, Institution. In: Ders. und Burkard, Franz-Peter (Hrsg.), Metzler-Philosophie-Lexikon. Stuttgart/Weimar: Metzler, ²1999; Bühl, Walter Ludwig, Institution. In: Werner Fuchs-Heinritz et al. (Hrsg.), Lexikon zur Soziologie. Opladen: Westdeutscher Verlag, ³1994.

11 Schönrich, »Der Garten der Pfade«, S. 265.

12 Die klassische Argumentation dazu, warum Regeln stets mehr sind als die Summe ihrer bisherigen Befolgungen, liefert Saul Kripke; vgl. Schönrich, Gerhard und Ulrich Baltzer, Die Geltung von Geltungsgeschichten. In: Melville, Gert und Hans Vorländer (Hrsg.), Geltungsgeschichten. Über die Stabilisierung und Legitimierung institutioneller Ordnungen. Köln/Weimar/Wien: Böhlau, 2002, S. 7ff. Letztlich scheint es sich mir dabei

Diese Überlegung liegt auch der Unterscheidung zwischen »Regeln« und ihren »Befolgungspraxen« im obigen Zitat zugrunde. Zwar besteht zwischen der Deskription (Befolgungspraxis: »In den letzten Wochen wurde jeden Dienstagabend gegrillt«) und der Präskription (Regel: »Jeden kommenden Dienstagabend soll gegrillt werden«) offenbar eine enge Beziehung, was sich schon dadurch andeutet, dass der Satz »Jeden Dienstagabend wird gegrillt« umgangssprachlich beides besagen kann. Dennoch ist das eine nicht dasselbe wie das andere. Auf der Regelungsseite wird auf *Geltung* gepocht (»es soll möglichst ...«); auf der Befolgungsseite werden *Erwartungen* gepflegt (»es wird wahrscheinlich ...«).

Das Verhältnis zwischen diesen beiden Seiten von Institutionalität, zwischen Regelung und Geregeltem, Geltung und Erwartung, muss in gewisser Weise elastisch sein. Die Institution des dienstäglichen Grillens verschwindet, sofern sie ausreichend stabil ist, nicht, wenn die Veranstaltung einmal ausfällt; also ist sie nicht durch eine völlig starre Regelbefolgung konstituiert. Die Institution kann sogar mehr oder minder tiefgreifende Wandlungen durchmachen – sie kann, wenn der Dienstagstermin organisatorisch nicht mehr zu halten ist, ein freitägliches Grillen werden und immer noch dasselbe regelmäßige Grillen sein. Sie kann in der kalten Jahreszeit zu einem Treffen werden, das in einem geschlossenen Raum stattfindet und bei dem überhaupt keine Grillgerichte zubereitet werden, das aber im Sprachgebrauch der Teilnehmer immer noch »das Dienstagsgrillen« heißt.[13]

---

um eine Reformulierung der humeschen Kausalitätskritik zu handeln; vgl. Hume, David, Eine Untersuchung über den menschlichen Verstand. Stuttgart: Philipp Reclam jun., [2]1982, Universal-Bibliothek 5489, S. 84ff.

13 Vergleichbare Phänomene tauchen im Zusammenhang mit wesentlich größeren und formalisierteren Institutionen durchaus häufig auf – der Geburtstag des Königs oder der Königin von England wird beispielsweise weder an einem festen Datum gefeiert noch steht der Termin in einem Bezug zum tatsächlichen Geburtsdatum des Herrschers.

Institutionalität ist also dauerhafte Geregeltheit von etwas durch etwas Drittes (eben die Institution), das in der Lage ist, Unregelmäßigkeiten und Veränderungen im Regelnden wie im Geregelten so abzufangen, dass dieses Dritte als durch all diese Unregelmäßigkeiten und Veränderungen hindurch beständig erscheint. Es ist nicht weiter verwunderlich, dass sich der wissenschaftliche Diskurs über Institutionen praktisch ausschließlich eben mit ihrer Fähigkeit, Veränderungen mitzumachen und Unregelmäßigkeiten auszuhalten, beschäftigt – von der niedrigsten Ebene, wenn erklärt wird, wie die Institution Supermarkt damit zurechtkommt, wenn jemand zu bezahlen vergisst[14], bis zur höchsten, wenn so gewaltige Institutionen wie Staaten, Kirchen oder gar die Gesamtheit höflicher Umgangsformen in Anlehnung an Arnold Gehlen als »Spannungsbalancen« beschrieben werden[15].

3.1.3 Geltungsgeschichten

Ein Werkzeug, mit dem diese Stabilisierungsleistungen von Institutionen beschrieben werden können, ist der Begriff der *Geltungsgeschichte*. Um beim Beispiel des wöchentlichen Grillens zu bleiben: Ein Außenstehender mag die Augenbraue hochziehen, wenn ich ihn für den nächsten Freitag »zum Dienstagsgrillen« in meine Wohnung einlade. Ich könnte ihm dann sagen, dass das Treffen so genannt wird, weil in den letzten beiden Jahren durch die gesamte Saison hindurch dienstags gegrillt wurde, dann aber der Termin verlegt und schließlich auch die Form der Veranstaltung geändert werden musste; dass es sich aber letztlich immer noch um dasselbe Treffen handelt.

Wenn ich es schaffe, ihn zu überzeugen, habe ich erfolgreich eine Geltungsgeschichte erzählt und dadurch die Institution Dienstagsgrillen in gewisser Hinsicht gegen einen Angriff auf einen mit ihr verbundenen Geltungsanspruch bewahrt. Ein Zweifel an der Fortdauer des Dienstagsgrillen in Gestalt des freitäglichen Umtrunks

14 Vgl. Baltzer, Symbole, S. 126–132.

15 Vgl. Rehberg, Weltrepräsentanz und Verkörperung, S. 13–17.

hätte womöglich auch die Rückkehr zur ›Normalform‹ des Grillens unter freiem Himmel im nächsten Sommer gefährdet; die Chance, dass ein nicht über die Abweichung informierter Akteur die feiernden Freunde auch im nächsten Sommer an einem Dienstagabend antreffen können wird, wurde erhöht oder zumindest gehalten; insofern habe ich mit dem Geltungsanspruch auch Erwartungen stabilisiert. Diese Form von Stabilisierung ermöglicht es erst, dass die Institution flexibel auf Störungen in ihrer Umwelt (das kalte Wetter, den veränderten Termin) reagiert, ohne ihre Identität mit sich selbst einzubüßen.

Wie ist dies nun theoretisch zu fassen? Vorländer und Melville definieren ebenso lapidar wie tautologisch: »Geltungsgeschichten sind Geschichten, die Geltung erzeugen.«[16] Sie führen an anderer Stelle aus:

> »Geschichten [...] sind als geltungsaufgeladene Medien zu verstehen, die sich in Formen von Erzählungen, Texten, diskursiven Abhandlungen oder Satzungen materialisieren. Die Geschichten haben einen Autor, einen Erzähler und einen Adressaten. Diese dreistellige Relation erzeugt ein Geltungsfeld, in dem über die tatsächliche Durchsetzung, Anerkennung und Akzeptanz der Geltungsbehauptung entschieden wird und die institutionelle Ordnung ihre stabilisierende Legitimierung erfährt.«[17]

Ob es für den Unterschied zwischen Geltungsgeschichte und bloßer Geltungsbehauptung zunächst besonders relevant ist, dass Erzähler und Autor gegebenenfalls verschiedene Personen sind, möchte ich nicht beurteilen. Entscheidend scheint mir vor allem die Aufzählung der möglichen Formen von Geltungsgeschichten. Erzählungen, Texte, diskursive Abhandlungen und Satzungen haben alle eine gewisse Komplexität gemeinsam: Man kann das, was in ihnen steht,

---

16 Vorländer, Hans und Gert Melville, Geltungsgeschichten und Institutionengeltung. Einleitende Aspekte. In: Melville und Vorländer, *Geltungsgeschichten*, S. IX.

17 Ebd., S. XIV.

nicht in einem Satz sagen, und selbst wenn dies möglich wäre, hätte es keinen Sinn.[18]

Andererseits bezeichnet man gemeinhin einen größeren Zusammenhang (meist von Sätzen), der zur Begründung einer Behauptung dient, nicht als Geschichte, sondern als Argument. Vorländer und Melville sprechen jedoch von Geltungsgeschichten statt von Geltungsbegründungen oder Geltungsargumenten. Dass »diskursive Abhandlungen« als bloß ein mögliches Genre genannt werden, bietet einen Hinweis darauf, warum: Eine Geltungsgeschichte soll eben nicht bloß das sein können, was einen Geltungsanspruch abhandelt, was ihn schrittweise und rational begründet, vielleicht gar im Rückgriff auf eine verbindliche Realitätsvorstellung.

In der Tat arbeiten Geltungsgeschichten der Art, wie sie in den verschiedenen Aufsätzen als Beispiel genannt werden, mit Mitteln, die man in Argumentationen zum Beispiel vor Gericht oder in einer Magisterarbeit – zumindest heute – nicht zuließe. Dazu gehören der Bezug auf überirdische beziehungsweise außerzeitliche Autorität, wenn die Legitimation von Institutionen auf Gottes Gnade, schicksalhafte Vorsehung oder mythische Heroen gegründet wird; dazu gehört aber auch die Errichtung der verschiedensten Fiktionen. So wird bestimmten Zuschreibungen eine Kontinuität unterstellt, die sie nie hatten – man betrachte nur die wilde Entschlossenheit des Europäischen Parlaments, sich rückwirkend bis auf seine bescheidensten Anfänge als ›echtes Parlament‹ zu stilisieren, obwohl es über zwanzig Jahre lang nicht einmal aus vom Volke gewählten Abgeordneten bestand und anfänglich noch mindestens zwei Konkurrenzinstitutionen hatte.[19] Es werden aber auch ganz profane

18 Man *kann* natürlich den Inhalt selbst großer narrativer Texte in einem Satz resümieren. Aber Maupassants *Bel-Ami* zum Beispiel ist nicht geschrieben worden, um mitzuteilen, *dass* ein fiktiver Eisenbahnangestellter es auf dem Weg durch die Schlafzimmer des Pariser Bürgertums bis zum hofierten Publizisten schafft beziehungsweise dass ein realer Eisenbahnangestellter dies auch könnte; und man liest das Buch auch nicht, um dies zu erfahren.

19 Vgl. Patzelt, Werner J., Parlamentarische Geltungsgeschichten. In: Melville und Vorländer, *Geltungsgeschichten*, S. 290–295.

Umdatierungen und Umdefinitionen vorgenommen, wenn es zum Beispiel darum geht, zu begründen, warum in einem bestimmten Jahr ein Jubiläum gefeiert werden soll und in keinem anderen.[20]

Dabei möchte ich natürlich nicht naiv behaupten, dass es Begründungen institutioneller Geltungsansprüche gebe, die sich auf eine objektive Realität abstützen könnten, während andere als ›bloße Geschichten‹ in der Luft hingen. Schönrich und Baltzer weisen darauf hin, dass die Vorstellung einer solchermaßen ontologisierten Begründung von Geltungsansprüchen, beispielsweise in einer angeblichen Existenz außerhalb der Verhandlung stehender ›Werte‹, ähnlich selbstwidersprüchlich ist wie die Gründung historischer Darstellungen auf der angeblichen Existenz unhintergehbarer und kontextfreier historischer Fakten, wie sie Arthur Dantos ›idealer Chronist‹ niederschreiben könnte.[21]

Der Ausdruck ›Geltungsgeschichte‹ (statt etwa ›Geltungsargument‹) verweist lediglich darauf, dass eine solche primär nach den durch sie erzeugten narrativen Wirkungen, also mehr nach rhetorischen als nach wissenschaftlich-logischen Kriterien zu bewerten ist. Mit steigender Komplexität der Geschichten und des Verhandelten verschwimmen dabei natürlich die Maßstäbe – die Erzähler einer komplexem Geltungsgeschichte werden nicht umhin kommen, ihr eine gewisse logische Konsistenz zu verleihen. Was die Geltungsgeschichte aber zur Geschichte macht, ist nicht Prüfbarkeit oder Herleitbarkeit, sondern ihre Narrativität oder *Erzählbarkeit:* Sie hat einen Anfang, ein Ende und dazwischen eine Dauer, in der sich Ereignisse mit einer bestimmten sie verbindenden Entwicklung abspielen, die jedoch nicht zwangsläufig logisch geschlossen sein muss, sondern auch von Unerwartetem gebrochen sein kann.[22]

---

20 Vgl. Müller, Winfried, Instrumentalisierung und Selbstreferentialität des historischen Jubiläums. Einige Beobachtungen zu Eigengeschichte und Geltungsanspruch eines institutionellen Mechanismus. In: Melville und Vorländer, *Geltungsgeschichten,* S. 272ff.

21 Vgl. Schönrich und Baltzer, S. 4ff.

22 Vgl. Lüddeckens, Dorothea, Narrativität. In: Prechtl und Burkard, *Metzler-Philosophie-Lexikon,* S. 387.

3.1.4 Kontinuität und Diskontinuität

Werner J. Patzelt gibt eine etwas weniger theorielastig formulierte Definition von Geltungsgeschichten als Vorländer und Melville:

> »Geltungsgeschichten sind mündlich veranschaulichbare Geschichten, aus denen hervorgeht, wie bestimmte Ordnungsprinzipien als gut erkannt, als richtig bewiesen wurden, und wie sodann, solchen Ordnungsprinzipien folgend, jene institutionellen Strukturen aufgebaut wurden, in denen man nun erfreulicherweise leben kann oder wenigstens leben konnte, bis sie – aufgrund von ›Schicksal‹ oder feindlicher Übermacht – zugrunde gingen.«[23]

Es handelt sich hierbei meiner Meinung nach nur um die Definition einer Unterklasse, nicht von Geltungsgeschichten schlechthin; Geschichten nach dem beschriebenen Muster können der Stabilisierung einer bestehenden Institution oder der Wiederaufrichtung einer Institution, die einstmals bestanden hat, dienen, also der Sicherung oder Wiederherstellung institutioneller *Kontinuität*. Damit sind die Funktionen von Geltungsgeschichten aber noch nicht erschöpft.

Schönrich und Baltzer unterscheiden beispielsweise Eigengeschichten von Gegengeschichten: Durch Eigengeschichten wird Geltung etabliert, durch Gegengeschichten unterminiert.[24] Wer eine Gegengeschichte erzählt, mag eine Institution nur verändern oder vollständig abschaffen wollen, aber an ihrer Stabilisierung wird er kaum interessiert sein.

Nun lassen sich Eigengeschichten und Gegengeschichten verbinden, wenn beispielsweise eine Institution ihre Geltung auf den Untergang einer anderen Institution aufsetzt. Dieser kann dabei in der Vergangenheit oder in der Zukunft gesehen werden. So fundieren Institutionen beider deutscher Nachkriegsstaaten ihre Geltungsgeschichten auf der Zerstörung nationalsozialistischer Institutionen beziehungsweise ihrer Reste – ein Vorgang, der je nach Betrachtungsweise als bereits mit einer mythischen ›Stunde

23 Patzelt, Parlamentarische Geltungsgeschichten, S. 285.

24 Vgl. Schönrich und Baltzer, S. 24ff.

Null‹ abgeschlossen gilt (»dem Zivilisationsbruch folgte der Traditionsbruch«[25]) oder als institutionalisierter Antifaschismus noch im Gange ist. In der DDR kamen dazu noch Geschichten von der selbst nach optimistischster Sicht höchstens in den sozialistischen Staaten vollendeten und deswegen bis auf weiteres zu betreibenden Abschaffung klassengesellschaftlicher und imperialistischer Institutionen.[26]

Es gibt also auch Geltungsgeschichten, die ganz ausdrücklich eine *Diskontinuität* aufstellen, indem sie das Ende oder den Anfang bestimmter institutioneller Zustände thematisieren. Damit wird angestrebt, die zu befördernden, zu legitimierenden Institutionen von anderen zu entkoppeln. Dies kann zum Beispiel geschehen, weil deren Legitimität gefährdet ist; die Diskontinuität soll dann, wie im Falle der ›Stunde Null‹-Erzählung, eine Art ›cordon sanitaire‹ bilden.

Ein einfacher, aber wichtiger Unterschied zwischen Diskontinuitäts- und Kontinuitätsgeschichten ist, dass man auf reiner Diskontinuität – um nicht zu sagen: auf reiner Negativität – keinen institutionellen Geltungsanspruch begründen kann, weil eine Institution nicht ohne Dauer sein, Dauer wiederum nur über Kontinuität hergestellt werden kann. Die Gründung einer Institution auf dem totalen Bruch mit der Vergangenheit[27] kommt nicht umhin, wenigstens die zukünftige Kontinuität des Neugegründeten zu verlangen. Kontinuitätsgeschichten können für sich stehen, aber Diskontinuitätsgeschichten müssen sich auf Kontinuitätsgeschichten beziehen oder versuchen, solche neu zu stiften.

---

25 Vgl. Rehberg, Karl-Siegbert, Der doppelte Ausstieg aus der Geschichte. Thesen zu den »Eigengeschichten« der beiden deutschen Nachkriegsstaaten. In: Melville und Vorländer, *Geltungsgeschichten*, S. 326.

26 Vgl. ebd., S. 327ff.

27 Eine Figur mit einigermaßen finsterer Tradition; sowohl Adolf Hitler als auch Gregor Strasser wird das Zitat »Nationalsozialismus ist das Gegenteil von dem, was heute ist« zugeschrieben.

Nahezu alle auf Diskontinuität gegründeten Geltungsgeschichten suchen daher, solche ›tragenden Brüche‹ als ein Einscheren in frühere, ›höhere‹ Kontinuitäten – Traditionen – zu zeichnen. Im geschilderten Beispiel der deutschen Nachkriegszeit wären da unter anderem der Rückgriff auf einen mehr oder minder nebulös definierten »Humanismus« wie auch auf »unbedenkliche«, beispielsweise altpreußische, »etatistisch-militärische[...] Aufklärungsmythen« zu nennen.[28]

3.1.5 Definitionen

Zu vorläufigen Definitionen verdichtet ergibt sich aus diesen Überlegungen:

> *Institutionalität ist das dauerhafte Geregeltsein von Praxen durch Regeln außerhalb dieser Praxen, das erlaubt zu beanspruchen und zu erwarten, dass Handlungen in solchen Praxen den Regeln entsprechen. Institutionalität kann sich über Abweichungen und dauernde Änderungen in Regeln und Praxen hinweg erhalten.*
>
> *Eine Institution ist ein nach Räumen, Zeiten und Personengruppen abgrenzbarer Bereich, in dem Institutionalität waltet.*
>
> *Eine Geltungsgeschichte ist eine Erzählung, die im Kontext einer Institution erzählt wird, um bestimmte Geltungsansprüche und Befolgungserwartungen darin zu begründen oder zu widerlegen. Geltungsgeschichten erklären dadurch die Identität einer Institution mit sich selbst oder anderen (meist zeitlich früheren) Institutionen (Kontinuitätsgeschichten) oder die Nichtidentität einer Institution mit anderen Institutionen (Diskontinuitätsgeschichten).*

28 Rehberg, Der doppelte Ausstieg, S. 323f. u. 329.

3.2 Transformationen und Institutionen

Die von mir als Beispiele angeführten Transformationen hängen allesamt eng mit Institutionen, die der erarbeiteten Definition genügen, zusammen. So sind allein an dem Bleiguss im Eingangsbeispiel Dutzende auch alltagssprachlich so genannter Institutionen in verschiedener Art und Weise beteiligt. Colonel McMahon vertritt die Militärregierung und seine spezielle Abteilung darin, die amerikanischen Streitkräfte sowie jene ihrer Einheiten und Verbände, denen er angehört, und letztlich die Vereinigten Staaten, die Alliierten – wenn nicht gar die ganze ›freie Welt‹, die sich gerade 1945 neuerlich anschickt, durch internationale Organisationen ihren Institutionscharakter förmlich zu unterstreichen. Ministerpräsident, Landesminister, Polizeichefs von Stadt und Land, Bürgermeister und Stadträte vertreten den Freistaat Bayern und die Stadt München; der Auftritt einer Schauspielerin im Kostüm des ›Münchner Kindl‹ verweist noch zusätzlich auf letztere; und dies sind längst nicht alle Personen, die in Repräsentationsaufgaben anwesend sind.[29] Eine Zeitung, wie sie mit der *Süddeutschen* gegründet wird, ist eine Institution; und das »bessere Deutschland«, das geschaffen werden soll, wie auch das »Sprachrohr der freien Meinung«, die freie Presse, sind ebenso institutionelle Phänomene wie das nationalsozialistische System und seine Propagandamaschinerie, die zerstört werden sollen, es waren beziehungsweise in gewisser Weise noch sind.

Der Institutionenbezug wird durch die spezielle Ausgestaltung der Transformationshandlung nachdrücklich gemacht. Colonel McMahon und »Gäste von Bayerns Ministerpräsidenten bis zum Zeitungsträger«[30] legen jeweils eine Platte in den Ofen. Ob der Umguss nun rein technisch durch eine Einzelperson hätte durchgeführt werden können oder nicht: Er findet demonstrativ als gemeinschaftliches Handeln zahlreicher Akteure, die in unterschiedlichen

29 Vgl. FRIEDMANN, S. 3, Bl. 1.
30 Ebd., S. 3, Bl. 2.

institutionellen Zusammenhängen stehen, statt. Besonders stark sind die Bezüge auch insofern, als nicht nur auf das Bestehen von Institutionen verwiesen, sondern das Ende beziehungsweise der Anfang von Institutionen beschworen wird.

Auch bei anderen erwähnten Transformationen sind Institutionen – meist staatliche oder kirchliche – in der einen oder anderen Form präsent. Das Stattfinden in einem institutionellen Kontext ist häufig bereits Vorbedingung dafür, dass nachher überhaupt von einer Transformation gesprochen werden kann, nämlich überall dort, wo der Vollzug selbst im Verborgenen stattfindet oder größerer Interpretation bedarf. Der Guss der Reichstagsinschrift, in den Werkstätten eines Privatunternehmens nichtöffentlich vollzogen, ist zum Beispiel nachhaltig darauf angewiesen, dass die Elemente der Transformation öffentlich beschrieben und erklärt werden: Damit sie ihre Wirkung entfalten kann, muss der Öffentlichkeit bekannt sein, dass sie stattgefunden hat.

Solche Öffentlichkeit kann auch in allen Teilen erst nachträglich hergestellt werden. Ein fiktives Beispiel: Es habe irgendwann in den frühen 1990er Jahren eine sibirische Maschinenfabrik ohne jede öffentliche Aufmerksamkeit einige hundert Panzer, die nach Ende des Kalten Krieges nicht mehr benötigt wurden, zu Traktoren für die Landwirtschaft umgebaut, und damit eine moderne Variation über das Thema ›Schwerter zu Pflugscharen‹ geliefert. Zu einer bedeutungstragenden Transformation wird dies erst dadurch, dass man es einer Öffentlichkeit als solche beschreibt, und dann auch nur *für* diese; die symbolische Tragweite ihres Handelns muss den Beteiligten zu keinem Zeitpunkt klar sein, auch wenn vielleicht später ein Bild eines Panzers, der mit demontiertem Geschützturm und einem gewaltigen Tiefpflug am Heck, gefahren von einer Bäuerin mit buntem Kopftuch, vom Werksgelände rollt, zu einer Ikone geworden ist, unter der in westlichen Ländern Wahlkämpfe gewonnen und Markenturnschuhe verkauft worden sind. In welchen Kontexten eine Transformation also etabliert ist, hat mit

Öffentlichkeit zu tun; Öffentlichkeit wiederum besteht nur durch institutionelle Vermittlungsmechanismen.

Dies alles muss noch nicht bedeuten, dass Transformationen *immer* öffentliche Phänomene sind. Ich bin darauf hingewiesen worden, dass beispielsweise jemand aus der Wiege seines Kindes, nachdem es dafür zu groß geworden ist, ein Spielzeug für es herstellen kann – ein durchaus zeremonieller und bedeutungstragender Akt, der meiner Transformationsdefinition genügt, bei dem allerdings fraglich ist, welche Institutionen beteiligt sind.

Selbstverständlich kann man sich auf den Standpunkt zurückziehen, es seien die Institution Familie (oder Elternschaft) beteiligt, vielleicht eine etwaige Institution Kindheit; oder auch die Institution der einzelnen Familie oder der einzelnen Elternteil-Kind-Beziehung. Die geschilderten Institutionenmodelle sind denn auch auf etwas so ›Kleines‹ und ›Privates‹ angewandt worden wie einzelne Paarbeziehungen.[31] Andererseits wird zu Recht davor gewarnt, den Institutionenbegriff zu überdehnen.[32] Diese Gefahr besteht jedoch nicht, wenn man berücksichtigt, dass Institutionalität in unterschiedlichen Formalisierungsgraden zu Institutionen kondensieren kann und die Beschäftigung mit den dadurch entstehenden Differenzierungen letztlich eine Sache der Einzelwissenschaften ist; der Sonntagsspaziergang eines Ehepaars kann mit gleichem Recht und ohne den Begriff zu verwässern eine Institution genannt werden wie eine Rentenversicherungsanstalt, auch wenn die Soziologie oder die Organisationslehre an letzterer ein viel größeres Repertoire institutioneller Vorgänge beobachten und beschreiben

31 Vgl. Lenz, Karl, Eigengeschichten von Paaren: Theoretische Kontextualisierungen und empirische Analyse. In: Melville und Vorländer, *Geltungsgeschichten*, S. 377ff.

32 Vgl. z. B. Moos, Peter von, Krise und Kritik der Institutionalität. Die mittelalterliche Kirche als »Anstalt« und »Himmelreich auf Erden«. In: Melville, *Institutionalität und Symbolisierung*, S. 293–340.

können als an ersterem, und vielleicht sogar Hemmungen haben, beides in die gleiche Kategorie einzuordnen.[33]

Ich möchte dafür plädieren, den Institutionenbegriff auch hier so weit zu öffnen, wie die skizzierte Definition von Institutionalität es erlaubt. Sie lässt nicht nur Institutionen mit einer sehr geringen Zahl berührter Individuen, sondern sogar ›Privatinstitutionen‹ zu, bei denen eine Einzelperson ihre eigenen Praxen regelt beziehungsweise ihre eigenen Regeln befolgt und dazu gegebenenfalls sich selbst gegenüber Erklärungen erbringt und Sanktionen auferlegt. Mögliche Beispiele finden sich unter allen Regelmäßigkeiten individueller Lebensgestaltung, die wir alltagssprachlich mit ›Selbstdisziplin‹ erklären. Privatinstitutionen lassen sich mit denselben Mitteln beschreiben wie Kollektivinstitutionen, wenn man einer Einzelperson zugesteht, sich selbst in verschiedenen Rollen zu fingieren, die gegeneinander Ansprüche und Erwartungen erheben können, ähnlich wie man ihr zugesteht, mit Hilfe solcher Fiktionen innere Beratschlagungen zu führen, um zu abgewogenen Vernunftentscheidungen zu kommen.[34]

Dies ließe dann auch zu, Privattransformationen an Privatinstitutionen zu binden. Kurz gesagt: Transformationen finden oft unter Beteiligung formalisierter Institutionen und fast immer in einer – notwendig institutionell vermittelten – Öffentlichkeit statt; doch selbst wenn dies beides nicht der Fall ist, haben Transformationen stets einen institutionellen Hintergrund dadurch, dass sie von jemandem für jemanden veranstaltet oder nachträglich als für ihn veranstaltet ausgelegt werden.

33 Die Sozialwissenschaften tendieren zum Beispiel dazu, Phänomene rein heuristisch anhand der Anzahl der beteiligten Akteure in eine ›Mikroebene‹ oder ›Makroebene‹ einzusortieren, wo teils völlig unterschiedliche Erklärungsmodelle eingesetzt werden.

34 Vgl. Stoecker, Ralf, Können Institutionen handeln? In: Schönrich, *Institutionen und ihre Ontologie*, S. 183ff.

3.2.1 Transformationen und Geltungsgeschichten

Da Transformationen also institutionelle Phänomene zu sein scheinen und abseits der institutionellen Praxis selbst stehen, liegt die Überlegung nahe, dass sie ihre Funktion im Begründen oder Verwerfen von Geltungsansprüchen und Befolgungserwartungen, also in oder bei Geltungsgeschichten haben.

Allerdings *ist* eine Transformation keine Geltungsgeschichte, da es sich bei ihr um einen nichtsprachlichen Handlungsvollzug handelt. Sie ist im Gegenteil, wie oben angesprochen, zumeist selbst auf eine Geschichte angewiesen, die sie sozusagen als Musterdeutung mitliefert und die damit Geltungsansprüche erhebt, also eine Geltungsgeschichte ist. Dass diese Geschichte explizit erzählt werde, ist nicht immer nötig. Es ist mir nicht überliefert, ob bei dem Umguss der Druckplatten vorher lang und breit erklärt wurde, welche tief bedeutsame Handlung jetzt vollzogen werde; ich kann mir gut vorstellen, dass es völlig ausreichte, den Beteiligten technische Anweisungen (»jeder von Ihnen nimmt sich bitte eine Platte und gibt sie in den Ofen«) zu geben und sich der Symbolgehalt aus dem Kontext erschloss. Die Geschichte hinter einer Transformation *kann* aber in jedem Fall potenziell erzählt werden und muss es in vielen Fällen auch, um überhaupt erst die Einheit der Transformationshandlung zu stiften.

Mir geht es allerdings weniger um die Geltungsgeschichten, die Transformationen überhaupt erst ermöglichen, als um jene, auf und für die Transformationen wirken. Zu ergründen ist die Rolle, die Transformationen beim Erzählen von Geltungsgeschichten spielen.

Eine erste Vermutung wäre es, die Transformation selbst als ein Erzählen einer Geltungsgeschichte zu sehen. Man könnte sie sich als eine Art ›Ideentheater‹ oder ›Symboltheater‹ vorstellen, und zwar eher als ein Puppentheater als eines mit menschlichen Schauspielern, da ja in der Transformation keine Menschen transformiert werden[35];

35 Mir ist zwar aufgefallen, dass durchaus auch Menschen im buchstäblichen Sinne Gegenstand von Transformationen im Sinne dieser Arbeit sein können; die Transformation, die zum Beispiel der Gefangene in Franz Kafkas *In*

ein Erzähler würde die Geltungsgeschichte quasi durch die Maske von Gegenständen erzählen.

Der Gedanke ist in seiner Einfachheit bestechend – dass die *Mein-Kampf*-Platten durch das technisch vermittelte Handeln bestimmter Personen aufgelöst und gleichzeitig die *Süddeutsche*-Druckformen hergestellt werden, wäre strukturell ähnlich zu dem Vorgang, wenn auf der Bühne des Kasperltheaters die Kasperlpuppe – als durch die Puppenspieler eingesetztes technisches Mittel – etwa die Räuberpuppe in die Flucht schlägt und die Großmutterpuppe befreit.

Leider ist der Gedanke aber nicht nur bestechend, sondern schlicht falsch, denn Transformationsedukte und -produkte beanspruchen genauso wenig wie die bei Transformationen eingesetzten Hilfsmittel für Personen zu stehen. Das Blei im Umgussbeispiel soll in keiner der Formen, in der es auftaucht, eine Chiffre für eine Person darstellen. Weder Hitler noch das sonstige nationalsozialistische Personal wird beim Festakt symbolisch eingeschmolzen, und es wird auch nicht symbolisch eine mutige, demokratische Zeitungsredaktion gebacken; dies würde exakt der Manifestationslogik entsprechen, die bereits in der Einleitung aus gutem Grunde verworfen wurde.

Eine solche ›Bühnenfunktion‹ von Transformationen im Rahmen von Geltungsgeschichten fällt also aus. Dass es Transformationen geben kann, die sich in dieser Weise deuten lassen, ist dadurch nicht ausgeschlossen, aber die grundsätzliche Erklärung, wie Transformation und Geschichte zusammenhängen, ist so nicht zu leisten.

Da die Transformation selbst also weder die Geltungsgeschichte *ist* noch sie erzählend *instanziiert*, bleibt nur noch die Möglichkeit

---

der Strafkolonie durchläuft, genügt allen genannten Kriterien. Sie betrifft jedoch nicht den Menschen als Menschen, sondern lediglich als Leib, und an dem Verhältnis der Transformation zur Narration verbundener Geltungsgeschichten ändert sich dadurch nichts. Eine Verwandlung eines Menschen in dem, was sein Menschsein ausmacht, also zum Beispiel ein reflektierter und freiwilliger politischer oder religiöser Sinneswandel, ist nie die notwendige Folge des Handelns eines Dritten und daher nicht im besprochenen Transformationsbegriff zu fassen.

einer Nebenordnung: Die Erzählung einer Geltungsgeschichte bedient sich einer Transformation als *Erzählmittel.* Transformationen sind nicht Medien, *durch* die buchstäblich, wie durch den Mund einer Handpuppe, Geltungsgeschichten erzählt werden, sondern Medien, *mit* denen sie erzählt werden.

3.2.2 Transformationen als Illustrationen

Für die umrissene Rolle als ein nebengeordnetes, zum Verständnis nicht notwendiges Erzählmittel, die Transformationen für Geltungsgeschichten haben, scheint es mir in der Rolle von Illustrationen für Erzähltexte[36] eine gute Analogie zu geben. Ich möchte daher im Folgenden davon sprechen, dass Transformationen Geltungsgeschichten *illustrieren.* Diese terminologische Anlehnung erscheint mir aus einer Reihe von Ähnlichkeiten begründet:

- Zumindest in der klassischen Form eines illustrierten Buchs (im Gegensatz zum Bilderbuch) ist das Verständnis der Handlung nicht vom Betrachten der Illustrationen abhängig. Entsprechend ist die Geltungsgeschichte, mit der sich eine Transformation verbindet, auch ohne diese verständlich.
- Illustrationen sind Textpassagen zugeordnet; diese können Ereignisschilderungen ebenso sein wie Beschreibungen von Zuständen oder Umgebungen. Ein und dieselbe Romanausgabe kann Illustrationen enthalten, die das Platzen einer Bombe, zwei miteinander sprechende Personen, eine Städteansicht und eine Hügellandschaft zeigen. Ähnlich sind Transformationen Erzählmittel institutioneller Geltungsgeschichten, die Kontinuität oder Diskontinuität auf verschiedenen Ebenen ausdrücken können.
- Der Bezug zwischen Illustrationen und Textpassagen kann explizit sein oder implizit; was eine Illustration in einem Buch

36 Hiermit meine ich nicht nur Belletristik, sondern auch narrative Sachtexte.

illustrieren soll, kann durch ein Zitat in der Bildunterschrift genau festgelegt oder durch räumliche Nähe zur illustrierten Passage ungefähr angedeutet sein; sie kann jedoch auch frei im Text stehen, so dass es dem Leser überlassen bleibt, den Bezug herzustellen. Ebenso können Transformationen in mehr oder weniger enger Verbindung mit einer Geltungsgeschichte stehen.

- Illustrationen müssen nicht zwangsläufig mit dem Text geschaffen oder mit ihm mitgeliefert werden, um als Erzählmittel zu dienen. Ein Buch lässt sich nachträglich illustrieren oder eine Neuausgabe anders illustrieren als eine frühere Ausgabe; ein Text lässt sich auch vor einem Bühnenbild aus Illustrationen, die nicht für diesen Text geschaffen worden sind, szenisch vortragen. Es gibt andererseits Illustrationen, die einen solchen Grad der Bekanntheit und der Assoziation mit einem Text erreicht haben, dass sie sich aufdrängen, selbst wenn sie ihm nicht beigegeben werden – so ist es schwierig, *Gullivers Reisen*, die Fabeln von La Fontaine oder *Zwanzigtausend Meilen unter dem Meer* in einer unbebilderten Ausgabe zu lesen, ohne die klassisch gewordenen Illustrationen dazu vor Augen zu sehen. In vergleichbarer Weise können Transformationen nachträglich einer Geltungsgeschichte beigeordnet werden und sich, selbst wenn sie nicht explizit evoziert werden, aufdrängen, wenn eine Geltungsgeschichte erzählt wird.

- Illustrationen können, wenn sie ausreichend eingeführt sind, als Platzhalter und ›Aufhänger‹ für die mit ihnen assoziierten Textpassagen stehen. Ein statisches Bild, das einen Vogel auf einem Baum und einen Fuchs zeigt, bringt die ganze Handlung der Fabel vom Raben und vom Fuchs in Erinnerung, auch wenn es diese Handlung in keiner Weise erzählt. Genauso können Transformationen als Abkürzungen für die gemeinhin mit ihnen illustrierten Geltungsgeschichten dienen.

Mit Hilfe des Illustrationsbegriffs lässt sich nun, um ein Beispiel wieder aufzugreifen, die Bedeutung des Gusses der Reichstagsinschrift aufschlüsseln: Die Transformation von Kanonen in Lettern dient als Illustration für eine Geschichte; bei dieser kann es sich beispielsweise um die Geschichte handeln, die erzählt, wie das Kaiserreich mit seiner leidlich wirkungsmächtigen Volksvertretung letztlich aus dem ›Volkskrieg‹ gegen das napoleonische Frankreich hervorgegangen sei, wie also aus einer Diskontinuität heraus eine Kontinuität begründet wurde; diese Geschichte wiederum kann – bevorzugt von Vertretern der Institutionen des Reichs – als Geltungsgeschichte eingesetzt werden, um den Deutschen des Jahres 1917 zu erklären, warum dieses Reich die Legitimation besitzen soll, sie abermals massenhaft im Kampf gegen Frankreich sterben zu lassen.

Die genannten Anhaltspunkte finden sich alle wieder: Die Geschichte wäre auch ohne den Bronzeguss verständlich; dessen Einsatz zu ihrer Illustration ist unabhängig vom zeitlichen und räumlichen Abstand der Erzähl- von der Gusshandlung. Es besteht keine zwangsweise Verbindung zwischen genau dieser Geschichte und genau dieser Transformation; inwieweit der Zusammenhang durch einen Erzähler explizit gemacht oder im Impliziten gelassen wird, ist variabel (so wird der preußische Volksschullehrer vor seiner Klasse ihn anders herstellen als der patriotische Dichter), und die Transformation kann beliebig oft ›hervorgeholt‹ werden, nämlich wann immer die Geschichte erzählt werden soll. Hat es genügend Bezugnahmen dieser Art gegeben, reicht schon die Erwähnung der Transformation selbst oder ihres Produkts, um die Geltungsgeschichte zu evozieren.

Wie nun das Bezugnehmen auf und das ›Hervorholen‹ von Illustrationen sowie das Evozieren von Geltungsgeschichten mit ihrer Hilfe im Einzelnen vor sich gehen, wird das nächste Kapitel besprechen.

4 Wie Transformationen bedeuten

Ich habe in den vorausgegangenen Kapiteln versucht, zum einen zu definieren, was eine Transformation ist, zum anderen zu zeigen, was Transformationen bedeuten können. Dabei ist die Hauptfrage noch nicht angegangen worden. Ich habe zwar ihre Formulierung *Wie bedeuten Transformationen?* präzisieren können auf *Wie illustrieren Transformationen institutionelle Geltungsgeschichten?*, aber eine Antwort steht noch aus.

In diesem Kapitel soll es darum gehen, dieses Wie zu erklären. Ich werde dazu die aufgezeigten Strukturen mit dem Instrumentarium einer semiotischen Theorie analysieren, und, wie bereits weiter oben angekündigt, dazu den Ansatz von Charles Sanders Peirce heranziehen.

4.1 Die peircesche Semiotik

Peirce' Semiotik ist, gerade auch im Vergleich mit späteren Theorien, ungeheuer leistungsfähig, und reiht sich in ein vielschichtiges und umfangreiches philosophisches Gesamtkonzept ein. Die Kehrseite dieser erfreulichen Komplexität ist es, dass sich die peircesche Philosophie – und seine Semiotik macht darin keine Ausnahme – nur schwer darstellen lässt. Die verschiedenen Sekundärautoren ziehen alle Register: Kaum eine Einführung in die Peirce-Semiotik kommt ohne Listen, Tabellen und mehr oder minder übersichtliche grafische Darstellungen aus. Mir sind sogar dreidimensionale Grafiken begegnet.[1] Die Sprache, mit der Autoren über Peirce oder

1 Vgl. Apel, Karl-Otto, Der Denkweg von Charles Sanders Peirce. Eine Einführung in den amerikanischen Pragmatismus. Frankfurt am Main: Suhrkamp, 1975, stw 141, S. 234, Fußnote 193; Hoffmann, Michael, Was

über an ihn angelehnte Zeichenmodelle schreiben, ist zudem oft jargonlastig bis blumig.[2]

Dabei rühren die Schwierigkeiten, über Peirce' Denken zu schreiben, nicht nur von dessen Anspruch und Komplexität her. Es liegen noch weitere Steine im Weg. So hat Peirce seine Theorien über Jahrzehnte hinweg entwickelt und eine häufig wechselnde Terminologie voller Neologismen verwendet; sein Stil ist ohnehin, vorsichtig gesagt, nicht der beste, und seine Beispiele oft merkwürdig.[3] Darüber hinaus ist es schwierig zu fixieren, wie Peirce' Semiotik in einer bestimmten Schaffensphase aussah, da er nie eine größere philosophische Monographie publiziert, dafür aber Tausende veröffentlichter und unveröffentlichter Aufsätze, Vortragsmitschriften und Fragmente hinterlassen hat. Zu allem Überfluss existiert bisher nicht einmal eine annähernd vollständige kritische Peirce-Ausgabe.

›Peirce-Semiotik‹ ist also de facto immer ein Destillat, das ein Sekundärautor aus der Masse der jeweils verfügbaren Texte herausgezogen hat. Da es sich bei der vorliegenden Arbeit um meine erste Beschäftigung mit Peirce handelt, habe ich neben den Urtexten verschiedenste Sekundärtexte verwendet, um einen Überblick zu bekommen; darunter sind nicht nur Werke von Schönrich, Baltzer und anderen Forschenden im Sonderforschungsbereich 537, sondern vor allem auch Texte von Karl-Otto Apel, dem Klassiker der deutschen Peirce-Rezeption. Aus der angelsächsischen Philosophie kamen unter anderem zwei Werke zum Einsatz, wie sie gegensätzlicher kaum sein könnten: Einmal James Jakób Liszkas sehr zugängliche und textnahe Peirce-Einführung, zum anderen

---

sind »Symbole«, und wie lässt sich ihre Bedeutung erfassen? In: Melville, *Institutionalität und Symbolisierung*, S. 101, Fig. 3.

2 »Signs and the meanings that emerge from their interrelated, interactive dance are a shimmering mirage that refracts and takes on a new countenance at the mere suggestion of our futile, furtive glance.« – Merrell, Floyd, Peirce, Signs, and Meaning. Toronto / Buffalo (NY) / London (Ontario): Toronto University Press, 1997, Toronto Studies in Semiotics, S. x.

3 Vgl. Liszka, James Jakób, A General Introduction to the Semeiotic [sic] of Charles Sanders Peirce. Bloomington/Indianapolis: Indiana University Press, 1996, S. ix.

Floyd Merrells Monographie *Peirce, Signs, and Meaning,* die eine umfassende Konzeption von Bedeutungsphilosophie auf Peirce' Zeichenbegriff aufbaut.

Die Abweichungen der einzelnen Deutungen sind jedoch im Großen und Ganzen geringer als man befürchten könnte, so dass es mir durchaus statthaft erscheint, von Peirce-Semiotik schlechthin und nicht von einzelnen Interpretationen zu reden. Die Termini im Deutschen übernehme ich dort, wo es verschiedene Übersetzungsvorschläge gibt, der Einfachheit halber von Schönrich.[4]

4.1.1 Warum Peirce?

Die Entscheidung, ausgerechnet die peircesche Semiotik und keine andere als theoretische Grundlage zu verwenden, bedarf durchaus einer Erklärung. Es herrscht schließlich an Zeichentheorien kein Mangel, und die einzelnen Ansätze unterscheiden sich teils drastisch. Dass Peirce' Arbeit die Grundlage großer Teile meiner Literatur bildet, ist zwar ein handfester Grund für meine Entscheidung, ebenfalls an seine Theorie anzuschließen, aber welche Vorteile diese in philosophischer Hinsicht bietet, ist damit noch nicht gesagt.

Ich möchte kurz einige Punkte skizzieren, die meiner Ansicht nach die Entscheidung hinreichend begründen.

- Im Gegensatz zum Beispiel zur saussureschen ›Semiologie‹ setzt Peirce' Theorie ausdrücklich nicht bei Sprachzeichen an. Einige der bekanntesten seiner Beispiele beziehen sich nicht auf Sprache[5]; in anderen sind die sprachlichen Elemente ohne

4 Vgl. Schönrich, *Semiotik zur Einführung*, passim.

5 Peirce' vielleicht berühmtestes Beispiel, das des Wetterhahns, gehört dazu; vgl. Peirce, Charles Sanders, Collected Papers of Charles Sanders Peirce. Volume I: Principles of Philosophy; and Volume II: Elements of Logic. Edited by Charles Hartshorne and Paul Weiss (CP 1/2). Cambridge, Mass.: The Belknap Press of Harvard University Press, 1960, § 2.286, S. 161.

weiteres durch nichtsprachliche ersetzbar[6]. Da die Phänomene, die ich untersuche, ebenfalls nicht primär sprachlich sind, ist dies ein gewichtiger Vorteil der Peirce-Semiotik.

- Im Besonderen erlaubt es der peircesche Ansatz, neben materiellen Gegenständen auch Handlungen und sonstige Vorgänge in der Zeit zu behandeln, da er Zeichenrelationen nicht als überzeitliche Zustände zwischen ewigen Entitäten, sondern als Ereignisse und Prozesse analysiert.[7] Der Pragmatiker Peirce vergisst nie, dass jede Erkenntnis, sei sie auch gegebenenfalls ein Glied in einer als unendlich gedachten Kette, als praktische Erkenntnis in der Zeit, in der Welt und in der Gemeinschaft stattfinden muss.[8]

- Institutionen sind ein wichtiger Gegenstand dieser Arbeit. Peirce' Ansatz erlaubt es, Institutionen und institutionelle Phänomene direkt und ohne Kunstgriffe zu analysieren; bereits seine eigenen Beispiele behandeln institutionelle Phänomene gleichrangig mit nichtinstitutionellen – die Texte sprechen nicht nur von Geräuschen, Wörtern, Wetterhähnen und Farbflecken, sondern auch zum Beispiel von »Reden [...] und

6 So die Bezüge auf militärische Befehle, wo die Stelle eines artikulierten Kommandos genauso durch ein unverständliches Gebrüll, ein Trommelsignal oder ein optisches Signal eingenommen werden könnte; vgl. z. B. Peirce, Charles Sanders, Collected Papers of Charles Sanders Peirce. Volume V: Pragmatism and Pragmaticism; and Volume VI: Scientific Metaphysics. Edited by Charles Hartshorne and Paul Weiss (CP 5/6). Cambridge, Mass.: The Belknap Press of Harvard University Press, 1960, §5.473ff., S. 324ff.

7 Dies soll nicht heißen, dass es in Peirce' Philosophie keine überzeitlichen Zustände und ewigen Entitäten gäbe; seine Kosmologie und Naturphilosophie sollen in dieser Arbeit jedoch nicht thematisiert werden. Weiterführend hierzu vgl.: Ders., Naturordnung und Zeichenprozeß. Schriften über Semiotik und Naturphilosophie. Mit einem Vorwort von Ilya Prigogine. Herausgegeben und eingeleitet von Helmut Pape. Frankfurt am Main: Suhrkamp, 1991, stw 912.

8 Vgl. Apel, Karl-Otto, Transformation der Philosophie. Band II: Das Apriori der Kommunikationsgemeinschaft. Frankfurt am Main: Suhrkamp, 1973, S. 188ff.

Bibliotheken«[9], von »Standarte[n] oder Fahne[n]«[10] und von nautischen Almanachen[11].

4.1.2 Kontext und Voraussetzungen

Peirce' Semiotik[12] ist nicht einfach nur eine Zeichentheorie. Sie hat ihre Fundamente in der Logik beziehungsweise Mathematik sowie einer eigenen Phänomenologie und greift aus in die Erkenntnistheorie und letztlich die Metaphysik.

Peirce' Absicht war es jedoch nie, ein geschlossenes System zu entwickeln (insofern spiegelt die fragmentarische Form seines Gesamtwerks durchaus den Inhalt); seine Theorie beansprucht nicht – und schon gar nicht erschöpfend –, zu erklären, woraus die Welt besteht, sondern wie sie interpretiert werden kann, oder besser: wie die bereits etablierten Weisen, sie zu interpretieren, systematisch beschrieben und kritisiert werden können. Sie fasst das Vage, das Vorübergehende, das Unter- und Überbestimmte und das Unvollständige mit Hilfe einer Logik, die Bedeutung und Begründung im Interpretationsgeschehen, das sich hier und jetzt in der Welt und in der Zeit vollzieht, ansiedelt, ohne jedoch die Möglichkeit letzter Begründungen und endgültiger Bedeutungen aufzugeben.[13]

9 Peirce, Charles Sanders, Semiotische Schriften. Band 1. Herausgegeben und übersetzt von Christian Kloesel und Helmut Pape. Frankfurt am Main: Suhrkamp, 1986, S. 193.

10 Ebd., S. 199.

11 Vgl. ebd., S. 209.

12 Peirce selber schreibt übrigens nie »semiotics«, sondern meist »semeiotic«; die heutige Standardbezeichnung hat sich erst viel später durchgesetzt, vgl. Nöth, Winfried, Stephan Meier-Oeser und Hans Hermes, Semiotik, Semiologie. In: Ritter, Joachim und Karlfried Gründer (Hrsg.), Historisches Wörterbuch der Philosophie. Band 9. Darmstadt: Wissenschaftliche Buchgesellschaft, 1995, Sp. 605.

13 Vgl. Andermatt, Alois, Semiotik und das Erbe der Transzendentalphilosophie. Die semiotischen Theorien von Ernst Cassirer und Charles Sanders Peirce im Vergleich. Würzburg: Königshausen & Neumann, 2007, Epistemata.

Der Versuch, ein ›peircesches Weltbild‹ oder gar ›Weltsystem‹ referieren zu wollen, wäre also, vom Platzmangel und den über die Jahre sich verschiebenden Positionen Peirce' abgesehen, zum Scheitern verurteilt. Ich möchte daher einige für das weitere Verständnis wichtige Grundkonzepte herausgreifen.

Zunächst einmal sind Zeichen bei Peirce keine besondere Art von Entitäten in der Welt und die Semiotik daher keine Disziplin, die sich mit den besonderen Eigenschaften dieser besonderen Entitäten befasste. Das Zeichen ist im Gegenteil die Grundeinheit aller Erkenntnis, und überhaupt alles Denken ist durch Zeichen vermittelt:

> »We have no power of thinking without signs.«[14]
>
> »[W]henever we think, we have present to the consciousness some feeling, image, conception or other representation, which serves as a sign.«[15]

Dabei sind Zeichen keine überzeitlichen Phänomene, sondern haben Ereignischarakter; ein Zeichen kann sich ereignen, ›sich abspielen‹ (oder ›abgespielt werden‹), etwas, wofür Peirce den Ausdruck *Semiose* (›semiosis‹) geprägt hat.[16] Manche Autoren verwenden »Semiose« und »Zeichen« ganz oder nahezu austauschbar[17]; bei manchen kann mit »(der) Semiose« auch ein Gesamtgeschehen gemeint sein, das sich in all den einzelnen Zeichenereignissen vollzieht[18]. Ein beliebtes Bild ist das eines unendlichen Flusses von aneinander anschließenden Semiosen[19]; denn ein Zeichen kann

---

Würzburger wissenschaftliche Schriften. Reihe Philosophie 431, S. 199 u. Merrell, S. 20.

14 Peirce, *CP 5/6*, § 5.266, S. 158.

15 Ebd., § 5.283, S. 169.

16 Vgl. Baltzer, Ulrich, Semiose. In: Ritter und Gründer, *Historisches Wörterbuch der Philosophie. Band 9*, Sp. 599.

17 Vgl. z. B. Baltzer, Symbole, S. 127, wobei dort allerdings auch nur Handlungen als Zeichen betrachtet werden.

18 Vgl. z. B. Merrell, S. 21.

19 Wobei ›Fluss‹ vielleicht die Vorstellungskraft schon zu sehr einschränkt, da das Wort eine gewisse Linearität und Gerichtetheit impliziert; ein besseres

bei Peirce nie allein stehen, sondern ist immer veranlasst durch vorherige und Anlass für nachfolgende Zeichen:

> »There is no exception [...] to the law that every thought-sign is translated or interpreted in a subsequent one, unless it be that all thought comes to an abrupt and final end in death.«[20]

Zwar ist im obigen Zitat nur die Rede von »Gedankenzeichen« und nicht von Zeichen allgemein. Ich gehe aber davon aus, dass jedes Zeichen letztlich entweder ein »Gedankenzeichen« oder von solchen abhängig ist, da es in letzter Instanz einen denkenden Interpreten geben muss: »No doubt, intelligent consciousness must enter into the series.«[21]

Die metaphysische Frage, ob es Zeichen ohne sie etablierende und interpretierende Subjekte geben kann, soll hier nicht beantwortet werden. Es gibt Hinweise darauf, dass sie sich Peirce in dieser Form nie gestellt hat: Im Universum ist nach seiner Vorstellung mit Gott immer ein Subjekt anwesend[22], zum anderen tendiere der Kosmos auf lange Sicht dazu, zwangsläufig irgendwann geistige Subjekte hervorzubringen. Peirce schreibt zudem dem Universum selbst, und dies bereits in einem hypothetischen Zustand völliger Unbestimmtheit vor Anbeginn der Zeit, die Fähigkeit zum Herausbilden von Gewohnheiten, also zum Interpretieren, zu.[23] An manchen Stellen deutet er allerdings an, dass es Repräsentamina geben könnte, die keine Zeichen sind, weil sie nicht denkend interpretiert werden:

Bild ist möglicherweise das der Molekularbewegung. Da, wie weiter unten klar werden wird, jedes Einzelzeichen Ausgangspunkt unbegrenzter Ketten (Prozesse) aus Anschlusszeichen ist und selbst wiederum eben durch diese Anschlussprozesse erst bestimmt wird, ist die Trennung zwischen Einzelzeichen und Zeichenverkettungen ohnehin fließend, was auch den häufig ambivalenten Gebrauch des Ausdrucks »Semiose« erklärt.

20 Peirce, *CP 5/6*, § 5.284, S. 170.

21 Ders., *CP 1/2*, § 2.303, S. 169.

22 Vgl.: Ders., *CP 5/6*, § 5.119, S. 75.

23 Vgl.: Ders., *Naturordnung und Zeichenprozeß*, S. 52ff.

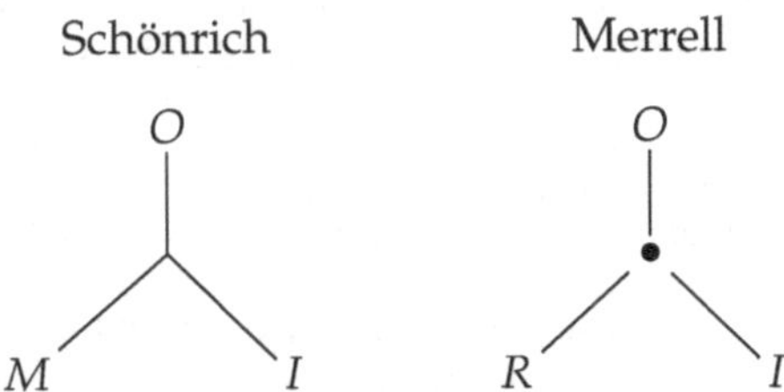

Abbildung 2: Grafische Darstellungen triadischer Beziehungen

»A *Sign* is a Representamen with a mental Interpretant. Possibly there may be Representamens that are not Signs.«[24]

4.1.3 Das Zeichen als dreistellige Relation

Was ist nun für Peirce überhaupt ein Zeichen? Es gibt viele unterschiedlich lautende Zeichendefinitionen in den Urtexten; alle heben aber darauf ab, dass ein Zeichen dreiseitig, also eine *Triade* ist.

> »Now a sign has, as such, three references: first, it is a sign *to* some thought which interprets it; second, it is a sign *for* some object to which in that thought it is equivalent; third, it is a sign, *in* some respect or quality, which brings it into connection with its object.«[25]

Diese dreiseitige Beziehung stellt dabei nicht einfach drei Relate nebeneinander. Ihre drei Bezüge sind im Gegenteil von unterschiedlicher Art; das Zeichen richtet sich einmal *an* »einen Gedanken« (oder überhaupt eine interpretierende Instanz), es ist ein Zeichen *für* ein Objekt, und es ist ein Zeichen *in* gewisser Hinsicht.

Es ist nicht möglich, die Triade in Paarbeziehungen aufzulösen. Verschiedene Autoren argumentieren darum entschieden gegen das Konzept des ›semiotischen Dreiecks‹ und gegen eine dreiecksförmige grafische Darstellung, da diese suggerieren könnte, dass

24 Vgl. PEIRCE, *CP 1/2*, § 2.274, S. 156, Hervorhebung im Original.

25 Ders., *CP 5/6*, § 5.283, S. 169, Hervorhebungen im Original.

unvermittelte Paarbeziehungen zwischen den Relaten eines Zeichens bestehen. Statt dessen wird ein dreistrahliger Graph, der die Relate mit einer Mitte verbindet, für angemessener erachtet. Schönrich und Baltzer verwenden eine einfache gegabelte Linie, Merrell lässt am Punkt der Gabelung eine Leerstelle, die durch einen Punkt als »Knoten« markiert wird, der die drei Bezugslinien aber nicht berührt (Abbildung 2).[26] Der jeweils recht große argumentative Aufwand, der getrieben wird, um diese Darstellungen zu begründen und das Dreieck als unzulänglich zu erklären, motiviert sich wohl daraus, dass das peircesche Zeichen in der Vergangenheit tendenziell oft als eine primäre Zweierbeziehung, der das dritte Relat als Vermittler aufgesattelt ist, gesehen wurde, und dieser Eindruck in moderneren Interpretationen konsequent vermieden werden soll.

In einer weiteren Definition, die allerdings in einer Weise auf sich selbst rekurriert, die ich nicht sofort besprechen kann, tauchen dann auch die etablierten Termini für die drei Relate auf:

> »A *Sign*, or *Representamen*, is a First which stands in such a genuine triadic relation to a Second, called its *Object*, as to be capable of determining a Third, called its *Interpretant*, to assume the same triadic relation to its Object in which it stands itself to the same Object.«[27]

Peirce verwendet den Ausdruck »sign« von Fall zu Fall sowohl für die ganze Triade als auch nur für jenes ihrer drei Elemente, das er, wie im Zitat angedeutet, alternativ auch »representamen« nennt. Ich folge Schönrich darin, die gesamte Triade *Zeichen*, die »representamen«-Seite dagegen *Zeichenmittel* oder einfach *Mittel* zu nennen.[28]

Es ist also im beziehungsweise am Zeichen zu unterscheiden zwischen *Zeichenmittel*, *Objekt* und *Interpretant*.

26 Vgl. Schönrich, *Semiotik zur Einführung*, S 45ff. u. passim; Baltzer, Symbole, S. 122 u. passim; Merrell, S. 13 u. 133.

27 Peirce, *CP 1/2*, § 2.274, S. 156, Hervorhebungen im Original.

28 Diese terminologische Unterscheidung geht zurück auf Max Bense, vgl. Hoffmann, S. 98f., Fußnote 12.

Während die Arten des Bezugs in die drei Richtungen völlig unterschiedlich sind, kann an allen drei Positionen nahezu Beliebiges als Gegenstand des Bezugs stehen.

Zeichenmittel kann alles oder nahezu alles sein, darunter Bilder, Krankheitssymptome, Wörter, Sätze, Signale, Kommandos, Abgeordnete, Musikstücke und Musikdarbietungen.[29]

Objekt eines Zeichens können Dinge, Eigenschaften, Beziehungen, einzelne oder allgemeine Tatsachen ebenso sein wie Handlungsmöglichkeiten, und zwar einzeln oder in Ansammlungen, gegenwärtig existent oder als früher oder in Zukunft existent vermutet, letztlich also wiederum alles oder nahezu alles:

> »The Objects — for a Sign may have any number of them — may each be a single known existing thing or thing believed formerly to have existed or expected to exist, or a collection of such things, or a known quality or relation or fact, which single object may be a collection, or a whole of parts, or it may have some other mode of being, such as an act permitted whose being does not prevent its negation from being equally permitted, or something of a general nature desired, required, or invariably found unter certain general circumstances«[30]

Interpretant kann so Verschiedenes sein wie das Gefühl, das es hinterlässt, eine Beethoven-Symphonie zu hören[31], ein Vorhaben, das von einem Tagtraum ausgelöst wird[32], oder das Manöver einer Militäreinheit auf ein mündliches Kommando hin[33].

29 Vgl. Liszka, S. 20.

30 Peirce, *CP 1/2*, §2.232, S. 138.

31 Vgl.: Ders., *CP 5/6*, § 5.475, S. 326 u. Liszka, S. 26.

32 Vgl. Peirce, Charles Sanders, Collected Papers of Charles Sanders Peirce. Volume VIII: Reviews, Correspondence and Bibliography. Edited by Arthur W. Burks (CP 8). Cambridge, Mass.: Harvard University Press, 1958, § 8.315, S. 212.

33 Vgl.: Ders., *CP 5/6*, §5.473, S. 324f.

Man könnte annehmen, dass Peirce nur persönliche Regungen[34] als Interpretanten zulassen will, und meistens reicht dies auch völlig aus. Merrell nennt denn auch den Interpretanten einen »Beziehensakt« (»act of relating«)[35]. Es gibt jedoch, wie ich weiter unten ausführen werde, durchaus eine Berechtigung dafür, auch von ganz anderen Gegenständen als Interpretanten reden zu können.

Merrell umschreibt die Klasse möglicher Relate als »OAEs« (Objekte, Handlungen und Ereignisse)[36], wobei es zwischen ›realen‹ und ›fiktiven‹ OAEs keine klare Trennlinie gibt. Hier zeichnet sich ab, dass es möglich ist, in Peirce' Zeichenmodell ohne größere Umstände mit dem zu operieren, was man gemeinhin Fiktionen nennt. Dies macht es mithin um einiges einfacher, damit Institutionalität zu beschreiben, wo harte Grenzziehungen zwischen ›Realität‹ und ›Fiktion‹ wenig tauglich sind.[37]

4.1.4 Die konstituierenden Elemente von Zeichen

Übliche zweiseitige Zeichenmodelle – als wahrscheinlich wirkungsmächtigstes sei nur das von Saussure genannt –, arbeiten mit dem Konzept, dass ein Zeichen und ein Bezeichnetes in einer bestimmten Art von Relation zueinander stehen, oder dass es eventuell mehrere unterschiedliche Relationen zwischen den beiden Seiten gibt, die jedoch alle parallel laufen.[38] In den entsprechenden Theorien

34 Ich benutze hier und im Folgenden das Wort »Regungen« als Sammelausdruck für Handlungen, Gedanken und Gefühle.

35 Merrell, S. 133.

36 »›[O]bjects,‹ ›acts,‹ and ›events‹«. Ebd., S. 106 u. passim.

37 Man denke an die Verwendung des Fiktionsbegriffs in der juristischen Fachsprache; so kann die Einrechnung eines ›fiktiven Einkommens‹ durch Institutionen wie Arbeitsagentur, Sozialämter oder Familiengerichte sehr reale Konsequenzen haben, obwohl das Einkommen zu keinem Zeitpunkt tatsächlich ausgezahlt wird.

38 So wird bei Saussure das zweiseitige Oval aus »signifiant« und »signifié« von zwei parallelen, entgegengesetzt gerichteten Pfeilen begleitet; vgl. Saussure,

werden Relationsarten unter verschiedenen Rubriken eingeordnet: Zeichen können Bezeichnetes natürlich ›bezeichnen‹, ›bedeuten‹ oder ›denotieren‹, sie können darauf ›hinweisen‹, ›zeigen‹ und ›verweisen‹, es aber auch ›darstellen‹, ›vorstellen‹, ›aufzeigen‹ und ›repräsentieren‹, um nur einige Termini zu nennen. Manche Modelle beschränken sich darauf, eine nicht weiter bestimmte, gegebenenfalls ungerichtete ›Beziehung‹ (›Bezug‹, ›Relation‹) zwischen zwei Seiten anzunehmen.[39]

Jede detaillierte Darstellung des peirceschen Zeichenmodells muss dagegen der Herausforderung gerecht werden, dass es keine Zweierbeziehungen in der Triade gibt, und schon gar keine gerichteten. Dass nahezu alles an jeder Stelle eines Zeichens fungieren kann, macht die Sache nicht einfacher. Die Darstellung kann also nicht damit beginnen, zu beschreiben, welche unterschiedlichen Arten von Entitäten am Zeichen beteiligt sind, und sie kann auch nicht entlang einer Linie fortschreiten.

Es ist nun aber nicht zu vermeiden, an irgend einem Punkt anzufangen; ich folge Liszka darin, als diesen Punkt zweckmäßigerweise keines der drei Relate, sondern den so genannten *Grund* des Zeichens zu nehmen.

4.1.5 Grund

Der Grund[40] eines Zeichens ist, was die Beziehung des Zeichenmittels zum Objekt charakterisiert. Er ist »the reason which determines [the sign] to represent that object to that subject«[41], in Schönrichs Formulierung »[die] notwendige Bedingung dafür, daß

Ferdinand de, Cours de linguistique générale. Édition critique préparée par Tullio de Mauro. Paris: Payot, 1994, S. 99, 158 u. 162.

39 Vgl. Schönrich, *Semiotik zur Einführung*, S. 32ff.

40 Von »ground«, nicht »reason«; auch eine Übersetzung als »Basis« oder »Fundament« wäre sinnvoll, vgl. Liszka, S. 20, und Hoffmann, S. 97.

41 Peirce, Charles Sanders, The Writings of Charles S. Peirce: a chronological edition. Band 1 (1857–1866). Bloomington: Indiana University Press, [3]1994, S. 327.

das [Zeichen-]Mittel überhaupt auf das Objekt bezogen werden kann«[42]. Ein Zeichenmittel bezieht sich auf ein Objekt somit nie schlechthin, sondern nur »in einer *Hinsicht* oder *Qualität*«[43]; Apel spricht knapp von der Erkenntnis oder Repräsentation »von etwas als etwas«[44] (und eben nicht nur »von etwas«).

So ist der Grund des Satzes – also des Zeichens – »Der Ofen ist schwarz.« die Eigenschaft der Schwärze, denn er stellt den Ofen in dieser Hinsicht dar.[45] (Der Grund der Sätze »Das Weiße Haus ist nicht schwarz.« oder »Die Heidelbeere ist beinahe schwarz.« wäre ebenfalls die Eigenschaft der Schwärze – es geht nur um den Betrachtungsaspekt.) Der Grund des Zeichens, das darin besteht, dass eine Tachometernadel um einen bestimmten Winkel ausgelenkt ist, kann als der technische Zusammenhang zwischen diesem Ausschlag und der Geschwindigkeit des entsprechenden Fahrzeugs umschrieben werden (die Geschwindigkeit ist das Objekt).[46]

Nun ist der Grund allerdings nicht einfach so in der Welt. Er lässt sich überprüfen, reformulieren, präzisieren, vertiefen, aber er ist nie an sich fassbar; dies stellt Merrell dadurch da, dass der Knoten in der Mitte seiner Triadengraphen durch Lücken von den drei Schenkeln getrennt ist.[47] Der Grund äußert sich stets in Bezug auf ein *Objekt* und in bestimmten konkreten Ausformungen oder Auswirkungen, den *Interpretanten;* er ist die Bedingung der Möglichkeit dafür, dass es Interpretanten geben kann. Gleichzeitig kann es Zeichengründe nur dadurch geben, dass Zeichen Objekte und Interpretanten haben – die Eigenschaft ›Schwärze‹ besteht nur darin, dass sie von Fall zu Fall Objekten zugeschrieben wird; von einem technischen Zusammenhang zwischen Fahrzeuggeschwindigkeit und Tachometerausschlag kann man gleichfalls nur reden, weil es

42 Schönrich, *Semiotik zur Einführung*, S. 53.
43 Apel, *Transformation der Philosophie II*, S. 170, Hervorhebungen im Original.
44 Ebd., S. 189f.
45 Vgl. Peirce, *CP 1/2*, § 1.551, S. 291.
46 Vgl. Schönrich, *Semiotik zur Einführung*, S. 51.
47 Vgl. Merrell, S. 32 u. passim.

zeichenhaft interpretierbare Vorrichtungen gibt, die dieses Konzept zu ihrer Erklärung (beziehungsweise Begründung) benötigen.

4.1.6 Objekt

Objekt ist nun, was von einem Zeichenmittel hinsichtlich eines Grundes *repräsentiert* wird und es zugleich hinsichtlich dieses Grundes *bestimmt*.[48] Peirce unterscheidet, um diese Doppelfunktion zu erklären, zwei Aspekte am Objekt:

> »[It] is necessary to distinguish the *Immediate Object*, or the Object as the Sign represents it, from the *Dynamical Object*, or really efficient but not immediately present Object.«[49]

Unmittelbares Objekt ist das Objekt hinsichtlich seiner Repräsentation durch das Zeichenmittel; es ist zeichenabhängig.

Dynamisches Objekt (auch irreführenderweise *reales* Objekt genannt, obwohl fiktionale Objekte zulässig sind[50]) ist das Objekt hinsichtlich seiner bestimmenden Wirkung auf das Zeichenmittel, »the Reality which by some means contrives to determine the Sign to its Representation«[51]. Es ist zeichenunabhängig.

Liszka erläutert diese Unterscheidung am Beispiel verschiedener Messweisen für den Füllstand eines Behälters: Der Füllstand ist das dynamische Objekt, das jedes Zeichen bestimmt, das ihn repräsentiert; dabei können aber ganz unterschiedliche unmittelbare

48 Vgl. Liszka, S. 22f.

49 Peirce, *CP 8*, § 8.343, S. 232, Hervorhebungen im Original.

50 Vgl. ebd., § 8.314, S. 211.

51 Ders., Collected Papers of Charles Sanders Peirce. Volume III: Exact Logic (Published Papers); and Volume IV: The Simplest Mathematics. Edited by Charles Hartshorne and Paul Weiss (CP 3/4). Cambridge, Mass.: The Belknap Press of Harvard University Press, 1960, § 4.536, S. 422.

Objekte im Spiel sein, je nachdem, ob man den Stand beispielsweise durch Klopfen gegen den Behälter oder durch Ablesen eines Druckmessers ermittelt.[52]

Es ist wichtig, Grund und dynamisches Objekt nicht zu verwechseln. Übernimmt man Liszkas Redeweise, nach der das Zeichen ein Prozess ist, der »angetrieben« wird, dann ist das dynamische Objekt der Motor und der Grund der Antriebsstrang: Das dynamische Objekt bestimmt unmittelbare Objekte, Zeichen und damit auch Interpretanten; der Grund ist der Zusammenhang, der hinter all dem angenommen werden muss, damit überhaupt davon ausgegangen werden kann, dass das Objekt etwas bestimmt.

4.1.7 Interpretant

An der Interpretantenstelle steht etwas, was wiederum ein Zeichenmittel in einem neuen Zeichen werden kann:

> »A sign [...] addresses somebody, that is, creates in the mind of that person an equivalent sign, or perhaps a more developed sign. That sign which it creates I call the *interpretant* of the first sign.«[53]

Damit ist klargestellt, dass, trotz allen Vermutungen, zu denen die Endung »-ant« Anlass geben könnte, ein Interpretant kein interpretierendes Subjekt ist, sondern Zeichenmittel eines Anschlusszeichens, das irgendwie »in the mind«, »im Geiste« eines solchen Subjektes zustande kommt. Ein Interpretant ist somit weniger ein Interpret als ein *Interpretans* oder eine *Interpretation,* eine *Übersetzung* des Zeichenmittels im doppelten Sinne, zum einen als Übersetzungsprozess und zum anderen als Produkt dieses Prozesses, sowie die Auswirkungen dieser Übersetzung auf die übersetzende Instanz.[54]

Der Charakter von Zeichen als Ereignis – also als Semiose – tritt so deutlich zutage: Das Zeichen *erzeugt* ein neues Zeichenmittel.

---

52 Vgl. Liszka, S. 23f.

53 Peirce, *CP 1/2*, § 2.228, S. 135, Hervorhebung im Original.

54 Vgl. Liszka, S. 24f.

Damit etwas erzeugt werden kann, darf es vorher noch nicht da gewesen sein; es muss ein Vorher und ein Nachher geben.

Der Interpretant ist nur dadurch ein neues Zeichenmittel, dass er seinerseits wieder in einer Zeichentriade steht. Helmut Pape bezeichnet diese Beziehung zwischen Zeichen und Interpretant als *»Relation der gegenständlichen Interpretierbarkeit«*[55]. In dieser Anschlusstriade bleibt das Objekt das gleiche, der bisherige Interpretant wird zum Zeichenmittel und beide bestimmen einen neuen Interpretanten (»determining [...] its *Interpretant[...]* to assume the same triadic relation to its Object in which [the Sign] stands itself to the same object«[56]). Jedes Zeichen ist damit ein Glied in einer potenziell unendlichen Reihe von Anschlusszeichen.

Der beschriebene Übersetzungsvorgang muss noch gar nicht vollends abgelaufen sein, um einen Interpretanten zu bestimmen:

> »It is not necessary that the Interpretant should actually exist. A being *in futuro* will suffice.«[57]

Dass ein Interpretant *»in futuro«* ausreichen könne, deutet darauf hin, dass man nach peircescher Auffassung auch über Zeichenrelate reden kann, die vorerst nur potenziell, nicht aktual, festliegen. Dies erleichtert es unter anderem, Handlungszusammenhänge mittels Peirce-Semiotik zu modellieren, da es erlaubt, Zwecksetzungen als Relate zu verwenden.[58]

Schönrich nennt als Beispiele für Interpretanten unter anderem Skalenmarkierungen auf Thermometern[59] oder Tachometern[60], an denen die Ausdehnung der Flüssigkeitssäule oder der Ausschlag des Zeigers in einen Zahlenwert übersetzt wird. Ich lese dies

55 Pape, Helmut, Einleitung. In: Peirce, *Semiotische Schriften 1*, S. 14, Hervorhebung im Original.

56 Peirce, *CP 1/2*, §2.274, S. 156, Hervorhebung im Original.

57 Ebd., § 2.92, S 51, Hervorhebung im Original.

58 Für ein Beispiel, bei dem der Zweck einer Frage nach dem Wetter als Relat auftaucht, vgl.: Ders., *CP 8*, § 8.314, S. 211.

59 Schönrich, *Semiotik zur Einführung*, S. 21.

60 Ebd., S. 11 u. passim.

als eine Kurzformel dafür, dass diese Konstellation es von Fall zu Fall gestattet, Ablesungen durchzuführen, bei denen jeweils konkrete persönliche Regungen als Interpretanten resultieren. Dass »der Begriff des Interpretanten jede Art Wirkung, die das Zeichen hervorruft [umfasst]«[61], halte ich somit für eine zwar verkürzte, aber letztlich richtige Redeweise.

Auch an der Interpretantenstelle unterscheidet Peirce verschiedene Aspekte; diese können dazu dienen, die genannte Unterscheidung zwischen potenziellen und aktualen Interpretanten zu fassen.

Unmittelbarer Interpretant heißt vor jeder Analyse die Gesamtheit der beabsichtigten oder natürlich angelegten Effekte, die eine Semiose hervorbringt.[62] In diese Domäne gehören somit alle vorüber wehenden Gefühle (die Peirce als »emotionale Interpretanten« noch einmal gesondert klassifiziert) und alle vagen Ideen.

Dynamischer Interpretant dagegen ist der aktuale, präzise beschreibbare Effekt eines Zeichens. Typischerweise hat er die Form eines Gedankens oder einer Handlung. Dies bezeichnet Peirce als »energetischen Interpretanten«, da er mit körperlicher beziehungsweise geistiger Anstrengung verbunden ist; er stellt somit ein Pendant zum emotionalen Interpretanten dar.[63]

Dabei betont Peirce, dass energetische Interpretanten stets nur Einzeleffekte von Zeichen, nie aber ihre *Bedeutung* enthalten können: »The effort may be a muscular one [...]; but it is much more usually [...] a mental effort. It never can be the meaning of an intellectual concept, since it is a single act«[64]. Damit ist unter anderem jedweder simpler behaviouristischer oder

61 Andermatt, S. 168.
62 Vgl. Liszka, S. 26.
63 Vgl. ebd.
64 Peirce, *CP 5/6*, § 5.475, S. 326.

neurophysiologisch-reduktionistischer Bedeutungstheorie ein Riegel vorgeschoben: Die Bedeutung eines Zeichens liegt nicht in einem einzelnen Gehirnprozess oder einer einzelnen Handlung, die es auslöst.

Finaler Interpretant heißt die letzte Stufe, auf der sich für Peirce erst das entfaltet, was wirklich Bedeutung genannt werden kann: Er entspricht dem Informations- oder Regelgehalt des Zeichens, wie er sich auf lange Sicht über einer fortgesetzten Reihe von Effekten einzelner Zeicheninstanzen abzeichnet oder abzeichnen würde.

Solche Gehalte können normativ oder deskriptiv ausgedrückt werden. Sie bestehen in der Information, die sie einem interpretierenden Subjekt vermitteln und den Schlussformen, durch die diese Information aus der wiederholten Interpretation hervorgeht; sie realisieren sich in Gewohnheiten (»habits«), die einerseits durch das wiederholte Interpretieren eines Zeichens in gleichartiger Weise entstehen und gefestigt werden, anderseits bestimmen, dass Zeichen wiederholt auf gleichartige Weise interpretiert werden.

> »The final interpretant is the full import of the sign: it is a translation of the sign which results in information by means of rules of inference which has, coordinately, a certain [habit-forming, M.W.] effect on sign-interpreting agencies.«[65]

Das Prinzip, dass der Gehalt eines Zeichens in den verallgemeinerbaren Eigenschaften seiner möglichen Wirkungen (seiner Interpretanten) besteht, ist eine Formulierung dessen, was Peirce' *pragmatische Maxime* genannt wird.

> »Consider what effects, that might conceivably have practical bearings, we conceive the object of our conception to have. Then, our conception of these effects is the whole of our conception of the object.«[66]

65 Liszka, S. 28.
66 Peirce, *CP 5/6*, § 5.402, S. 258.

Das Zitat lässt erkennen, dass der finale Interpretant eines Zeichens mit Recht der *Begriff* dieses Zeichens genannt werden kann.

An einem von Peirce' klassischen Beispielen, dem des militärischen Kommandos »Ground arms«[67], lassen sich die genannten Unterscheidungen am Interpretanten gut vorführen: Der unmittelbare Interpretant ist der undifferenzierte Eindruck, der den Hörer des Kommandos geradezu durchzuckt; der dynamische Interpretant ist die Ausführung des Kommandos, in diesem Beispiel das Niederlegen der Waffe; der finale Interpretant dagegen ist das Wissen, dass auf dieses Kommando hin dieses Niederlegen erfolgt, ebenso wie die Regel, dass es erfolgen *soll;* dies schlägt sich nieder in der Gewohnheit der Soldaten, auf diesen Befehl hin in dieser Weise zu handeln, und in der Gewohnheit eines informierten Beobachters, zu erwarten, dass sie genau dies tun. Normativität und Deskriptivität sind bei Peirce also nie einfach und scharf voneinander getrennt, sondern im finalen Interpretanten miteinander verbunden.

4.1.8 Grund, sekundäres Objekt und Zeichenaufstufung

Grund und Interpretant eines Zeichens werden in manchen Peirce-Auslegungen gleichgesetzt.[68] Ich folge dieser Ansicht nicht, und aus meinen Erläuterungen weiter oben geht, wie ich meine, auch hervor, dass es sich in der Tat um Unterschiedliches handelt. Der Grund ist der unterstellte Zusammenhang, der ein Zeichen erst ermöglicht; der Interpretant ist eine Auswirkung dieses Zusammenhangs. Schönrich erklärt den Unterschied am bereits genannten Tachometerbeispiel (das sich übrigens gut zu Liszkas genanntem Behälterbeispiel in Beziehung setzen lässt):

67 Zu deutsch »Gewehr ablegen«; kommandiert wird damit das Ablegen der bereits abgesetzten (bei Fuß stehenden) Waffe auf den Boden. Schönrich schreibt ebenso wie Kloesel/Pape irreführend »Gewehr bei Fuß«.

68 Vgl. SCHÖNRICH, *Semiotik zur Einführung*, S. 130, Endnote 46 zu S. 53.

> »Das Objekt ist die gefahrene Geschwindigkeit; die Tachometernadel fungiert als Mittel, über das wir uns auf die gefahrene Geschwindigkeit beziehen, während die Skala mit Markierungen wie ›130‹ die Rolle des Interpretanten übernimmt. Hier repräsentiert unser Interpretant die gefahrene Geschwindigkeit *als* eine von 130 km/h. Die Markierung allein sagt uns aber nichts über den Unterscheidungs- und Beziehungsgrund von Mittel und Objekt. Die Stellung der Tachonadel ist nicht die gefahrene Geschwindigkeit selbst, sie soll sie nur anzeigen.«[69]

Ich halte mich auch im Folgenden an Schönrichs Analyse. Der Grund wird demnach interpretiert als ein Wissen um den Zusammenhang von Zeichenmittel und Objekt, das die Repräsentation des Objekts durch den Interpretanten in der durch den Grund angegebenen Hinsicht ermöglicht.[70] Um nun wiederum dieses Wissen, also den Grund, interpretieren zu können, beispielsweise um es hinsichtlich seiner Richtigkeit zu beurteilen, muss es als ein neues Objekt (Schönrich spricht vom *sekundären Objekt*) in eine neue Zeichentriade eingehen.

Schönrich schlägt vor, diese Interpretation eines Zeichens durch ein Zeichen so zu veranschaulichen, dass der Interpretantenschenkel eines Triadengraphen durch einen weiteren Graphen ersetzt wird (siehe Abbildung 3), dessen Objekt der bisher namenlose Verzweigungspunkt ist, der nach den weiter oben beschriebenen Überlegungen den Grund markiert, und in den der bisherige Interpretant als Mittel eingeht. Damit wird der Grund zum sekundären Objekt O'', der Interpretant I' wird zum sekundären Mittel M'' und eine neue Interpretantenstelle I'' wird frei.

Ich möchte dies noch einmal am Tachometerbeispiel erläutern: Wie oben zitiert ist das Objekt O' die gefahrene Geschwindigkeit, das Zeichenmittel M' die Tachometernadel und der Interpretant I' die Skala. Der Grund dieses Zeichens ist das Wissen um den technischen Zusammenhang zwischen Geschwindigkeit und Nadelausschlag. Er kann seinerseits zum Objekt eines Anschlusszeichens

69 Schönrich, *Semiotik zur Einführung*, S. 51, Hervorhebung im Original.
70 Vgl. ebd., S. 52.

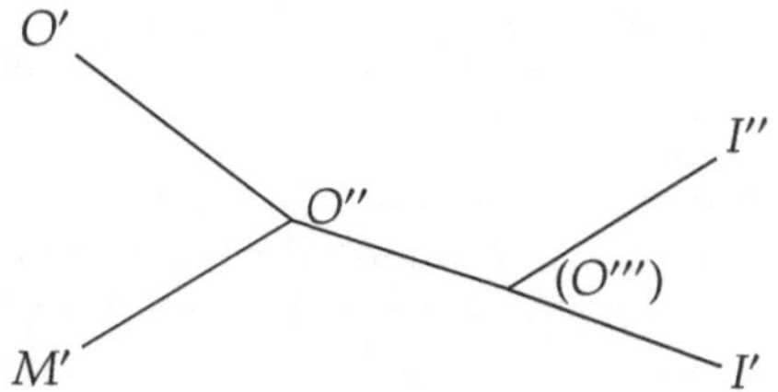

Abbildung 3: Der Grund als sekundäres Objekt

werden, das gegenüber dem primären Objekt, der Geschwindigkeit, ein sekundäres Objekt *O″* ist. Der bisherige Interpretant wird dann zum sekundären Zeichenmittel *M″*, das auf seine Repräsentation des Grundes hin interpretiert wird: Der sekundäre Interpretant *I″* kann beispielsweise ein Urteil – anhand einer Eichgeschwindigkeit – darüber sein, ob der Tachometer richtig oder falsch anzeigt. Das Wissen darüber, wie dieses Urteil seinerseits zustande gekommen ist, und das etwa einschließen könnte, dass falsche Reifen aufgezogen wurden, bildet den Grund beziehungsweise das sekundäre Objekt des Anschlusszeichens, mithin das tertiäre Objekt *O‴* des ersten Zeichens (hier eingeklammert, da die Triade, die es erst zum Objekt machen würde, nicht eingezeichnet ist).[71]

Kurz gesagt besteht nach Schönrich der Grund eines Zeichens nur darin, dass und wie er durch ein Interpretieren des Interpretanten in einem Folgezeichen zum Objekt gemacht wird. Die Rede vom Grund und vom sekundären Objekt ist austauschbar; dass ohne Folgezeichen also gar nicht von Zeichen geredet werden kann und jede Semiose Beginn einer unendlichen Kette von Anschlusssemiosen ist, ist ohnehin Teil von Peirce' Zeichenkonzept.

> »Es ist nur eine Frage der Betrachtungsweise, ob man schlicht vom Grund spricht, indem man – aus der Sicht der aktuellen Zeichentriade – eine notwendige Bedingung dafür benennt, daß

71 Vgl. Schönrich, *Semiotik zur Einführung*, S. 52–60.

> das Mittel überhaupt auf das Objekt bezogen werden kann [...] oder ob man – in Antizipation der Folgetriade – gleich vom sekundären Objekt [...] spricht und damit den Bezugspunkt des Interpretanten vergegenständlicht.«[72]

Festgehalten werden muss allerdings, dass nicht jeder Anschluss eines Zeichens an ein Zeichen diesem Schema zu entsprechen braucht. Bei einer Anschlusssemiose wird immer ein Interpretant zum Zeichenmittel einer neuen Triade; die beschriebene Interpretation eines Zeichens durch ein Zeichen *als* Zeichen verlangt jedoch zusätzlich, dass der Grund des ersten Zeichens zum Objekt des neuen wird. Es sind also Semiosenketten möglich, die auf einer aufgestuften Interpretation von Gründen bestehen (Abbildung 5), und solche, die nur Zeichen aneinanderreihen (Abbildung 4). Der Übergang vom Interpretanten »ich fahre 130 km/h« zum Anschlussinterpretanten »ich schaffe es nicht mehr bis zum Mittagessen nach Köln« ist eine einfache Reihung; der Übergang von »ich fahre 130 km/h« zu »anscheinend fahre ich doch nur 120 km/h, denn meine Reifen sind zu klein« ist eine Aufstufung. In komplexeren semiotischen Zusammenhängen können Verknüpfungen beider Art gemischt vorkommen.[73]

In Abbildung 5 ist erkennbar, dass die Anschlusstriaden einer aufstufenden Zeichenkette als in den Interpretantenschenkel der ersten Triade eingeschrieben gesehen werden können. Der jeweils temporär letzte Interpretant der Reihe fungiert zugleich als Interpretant des primären Objekts; der geschlossene Linienzug vom primären über das sekundäre bis hin zum potenziell quartären Objekt deutet an, dass eine Identität zwischen diesen besteht: alle nachgeordneten Objekte sind Aspekte des primären Objekts.

4.1.9 Bezugsweisen

Was ich an dieser Stelle abhandeln möchte, erscheint in gängiger Literatur üblicherweise im Rahmen detaillierter Auflistungen

72 Schönrich, *Semiotik zur Einführung*, S. 53.
73 Vgl. ebd., S. 117ff.

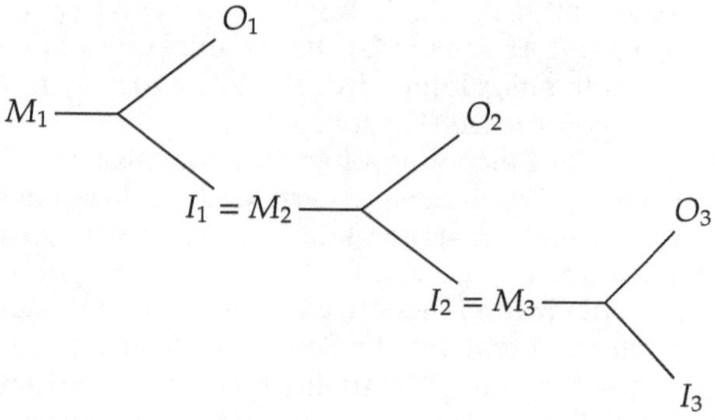

Abbildung 4: Reihende Zeichenverkettung

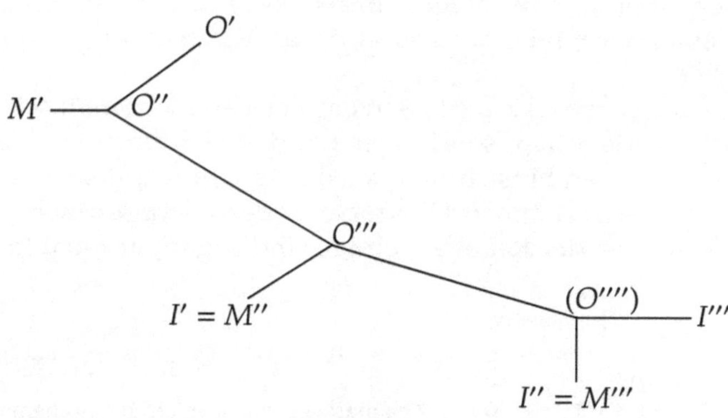

Abbildung 5: Aufstufende Zeichenverkettung

von Zeichenklassen. Ich möchte hierauf verzichten; die genannten Darstellungen sind besser und ausführlicher als ich es hier leisten könnte, und die präzise Beschreibung der einzelnen Klassen hat ihre Berechtigung eher dort, wo die Leistungsfähigkeit des peirceschen Modells allgemein ausgelotet wird, als dort, wo es wie hier einer Anwendung zugeführt werden soll.

Grundlage dieser Zeichentypologien ist das Konzept, dass die drei Schenkel einer Zeichentriade verschiedene Arten des Bezugs zum jeweiligen Relat darstellen können, und zwar wiederum je drei. Die Dreizahl hat hier wie dort ihre Begründung in der peirceschen Kategorienlehre und diese wiederum in seiner Relationslogik: Demnach zerfallen überhaupt alle Relationen in solche der Erstheit (monadische), solche der Zweitheit (dyadische) und solche der Drittheit, wobei diese sich nicht aufeinander reduzieren lassen; jedoch sind alle höherstelligen Relationen auf triadische reduzierbar. Unter gewissen Vorannahmen kann diese Kategorieneinteilung mathematisch bewiesen werden[74]; sie scheint intuitiv einleuchtend, wenn sie, wie Peirce dies auch selbst getan hat, grafisch dargestellt wird: Kein Graph ohne Verzweigung kann mehr als zwei Endpunkte haben, aber jede beliebige Anzahl von Endpunkten lässt sich durch einen Graphen, der nur einfache Verzweigungen enthält, verbinden.[75]

Die Arten seiner Bezüge lassen ein Zeichen nicht trennscharf in eine Schublade fallen, sondern es handelt sich um Aspekte, die an einem Zeichen hinsichtlich der Bezugnahme auf seine Relate aufgezeigt werden können. Dass mehrere Bezugsweisen gleichzeitig präsent sind, ist der Regelfall; einige sind sogar gar nicht in ihrer

74 Vgl. Pape, Semiotische Schriften 2, S. 34ff. u. Apel, *Der Denkweg von Charles S. Peirce*, S. 221ff.

75 Vgl. Peirce, *CP 1/2*, § 1.371, S. 196; man vergleiche auch die mathematische Informationstheorie, in der davon ausgegangen wird, dass jeder Informationsgehalt sich als eine Anzahl von Ja-Nein-Entscheidungen beziehungsweise Wegewahlen an einem Baum aus einfachen Verzweigungen quantifizieren lässt.

Reinform konkret instanziierbar.[76] Insgesamt sind formal aber neun verschiedene Bezüge möglich: An jeder der drei Relatstellen können Bezüge auf Erstheit, auf Zweitheit oder auf Drittheit vorliegen.

Zeichenmittelbezüge

An der Zeichenmittelstelle entspricht die Erstheit dem qualitativen, die Zweitheit dem singulären und die Drittheit dem regelhaften Bezug.

Qualitativ ist der Bezug auf ein (dann *Qualizeichen* genanntes) Zeichenmittel, wenn es nur um dessen »einfache Qualität« geht[77], wie zum Beispiel um eine Farbe oder den Unterton einer Stimme[78].

Singulär ist ein Bezug auf ein einzelnes Zeichenmittel *(Sinzeichen)*, dessen Stelle in Raum und Zeit angegeben werden kann, also auf einen Gegenstand oder ein Ereignis.[79]

Regelhaft ist ein Bezug auf ein Zeichenmittel *(Legizeichen)*, der auf einer Gesetzmäßigkeit beruht; diese ist üblicherweise, aber nicht immer, durch menschliche Übereinkunft beigelegt[80], kann aber auch in der Natur disponiert sein. So ist der Bezug auf jegliche Bedeutung eines Wortes regelhaft kraft menschlicher Konvention, jener auf die Bedeutung eines als Balzgesang interpretierbaren Vogelzwitscherns regelhaft kraft natürlicher Disposition.[81]

Qualitative und regelhafte Zeichenmittelbezüge sind stets durch singuläre bedingt: Qualitäten können konkret immer nur *verkörpert,*

76 Vgl. Liszka, S. 36.
77 Vgl. Peirce, *CP 1/2*, § 2.244, S. 142.
78 Vgl.: Ders., *CP 3/4*, § 4.537, S. 423.
79 Vgl.: Ders., *CP 1/2*, § 2.245, S. 142.
80 Vgl. ebd., § 2.246, S. 142f.
81 Vgl. Liszka, S. 36.

also an singulären Zeichenmitteln, auftreten, und Regeln nur in Gestalt von Instanzen ihrer Anwendung *(Replicas)*.[82]

Objektbezüge

Die drei verschiedenen Objektarten oder besser Objektbezugsarten sind Ikon (Erstheit), Index (Zweitheit) und Symbol (Drittheit).

Ikonisch ist ein Objektbezug über eine *Ähnlichkeit* zwischen Zeichenmittel und Objekt hinsichtlich Eigenschaften, die das Zeichenmittel auch aufwiese, wenn es nicht in einem Zeichen fungierte. Das paradigmatische Ikon ist die *Abbildung*.

Ikonische Bezüge zeigen drei Spielarten, nämlich die *bildliche*, die *diagrammatische* und *metaphorische*:

> »Those which partake of simple qualities [...] are *images;* those which represent the relations, mainly dyadic, or so regarded, of the parts of one thing by analogous relation in their own parts, are *diagrams;* those which represent the representative character of a representamen by representing a parallelism in something else, are *metaphors.*«[83]

Die Abgrenzung hierzwischen ist nicht immer scharf und braucht es auch nicht zu sein; sie gründet darin, zu unterscheiden, in welchen Teilen Zeichenmittel und Objekt sich genau ähneln. Ein Bild teilt Qualitäten mit dem Objekt, so hat beispielsweise die Abbildung dieselbe Farbe wie das Abgebildete. Ein Diagramm dagegen ähnelt seinem Objekt nicht in Qualitäten, sondern in der Zusammensetzung seiner Teile. Ein schematischer Netzplan eines U-Bahn-Systems ist hierfür ein fast perfektes Beispiel: Die bunten Linien zwischen den Stationssymbolen stellen dieselben Relationen her wie die Schienenstränge zwischen den U-Bahnhöfen, obwohl die Linien weder Farbe noch Form mit den Gleisen teilen. Was

82 Ich folge Schönrich darin, die englische Schreibweise und Pluralform zu übernehmen, um den Unterschied zu ›Replik‹ im Sinne von ›Antwort‹ herauszustellen; vgl. auch Peirce, *CP 1/2*, § 2.244–246, S. 142f.

83 Ebd., § 2.275, S. 157, Hervorhebungen im Original.

üblicherweise als Analogie bezeichnet wird, ist in der peirceschen Terminologie ein Diagramm.[84] Es sind offensichtlich Mischformen zwischen Bild und Diagramm möglich, wie zum Beispiel die Übersichtspläne in der Frankfurter U-Bahn, die nicht nur topologisch korrekt sind, sondern auch die Bebauung der Stadt und die Verläufe der Gleise topographisch richtig darstellen.

Vom Diagramm wiederum ist die Metapher dadurch unterschieden, dass bei ihr nicht eine Isomorphie zwischen Zeichenmittel und Objekt selbst das ist, was am Objekt dargestellt wird, sondern etwas anderes daran.[85] Der Satz »Zerschlagen fiel sie aufs Bett« beispielsweise ist metaphorisch in seinem Objektbezug: Es geht nicht um die Ähnlichkeit der Akteurin selbst zu etwas Zerschlagenem, sondern vielmehr um einen durch diese Ähnlichkeit charakterisierten Erschöpfungszustand an ihr.[86]

Indexikalisch ist ein durch einen unvermittelten ›Anschluss‹ eines singulären Zeichens an sein Objekt gegebener Bezug. Der Anschluss kann in einer buchstäblichen Berührung bestehen – so ist eine Rauchfahne ein Index für Feuer an ihrem Ende, oder eine Windfahne ein Index für den Wind – hinsichtlich seiner Richtung – weil sie in ihn eingetaucht ist (»really affected by that Object«[87]) und jede Windänderung sie unmittelbar mitführt.

Andere Indizes beziehen sich auf ihr Objekt durch Deixis im weitesten Sinne. So weist etwa ein Wegweiser auf einen

84 Vgl. Liszka, S. 37; eine Analogie ist bei Peirce keine Art des Zeichenbezugs, sondern eine Schlussform.

85 Vgl. ebd., S. 37f.

86 Der Unterschied zwischen diagrammatischem und metaphorischem Objektbezug bei Peirce weist gewisse Ähnlichkeiten auf zu dem zwischen schematischer und symbolischer Hypotypose bei Kant; vgl. Kant, Immanuel, Kritik der Urteilskraft. Hamburg: Felix Meiner, 2003, § 59, B 255.

87 Peirce, *CP 1/2*, § 2.248, S. 143.

in seiner räumlichen Verlängerung liegenden Ort oder ein Demonstrativpronomen auf ein zeitlich (im Sprechen) oder räumlich (im Geschriebenen) vorausgehendes oder nachfolgendes Nomen; eine Längen- und Breitenangabe für ein Fahrwasserhindernis in einem Seefahrtshandbuch ist ein Index genauso wie ein Warnruf, der auf den Ort einer Gefahr verweist.[88] Indizes müssen mithin nicht unbedingt gerichtet sein; es reicht aus, wenn sie *richtend* wirken können.

Symbolisch ist ein durch eine Regel vermittelter Bezug auf ein Objekt.

> »A symbol is a representamen whose special significance or fitness to represent just what it does represent lies in nothing but the very fact of there being a habit, disposition, or other effective general rule that it will be so interpreted.«[89]

Wie im Falle des regelhaften Zeichenmittelbezugs ist die hierbei greifende Regel üblicherweise eine menschliche Konvention, muss es aber nicht sein. Die allermeisten Zeichen, die wir alltagssprachlich und nach anderen Zeichentheorien so nennen, beziehen sich symbolisch auf ihr Objekt, darunter auch die meisten Sprachzeichen (mit Ausnahme ikonischer lautmalerischer Wörter und der, wie gesagt, indexikalischen Pronomina; das Paradigma eines Symbols ist das Substantiv). Peirce ist an mindestens einer Stelle so weit gegangen, ikonische und indexikalische Objektbezüge als gegenüber den symbolischen »degeneriert« anzusehen: Symbolische Zeichen können ihre Aufgabe leisten, ohne auf qualitative Ähnlichkeit oder räumlich-zeitlichen Anschluss angewiesen zu sein, während Ikone und Indizes sozusagen ans Konkrete gefesselt sind.[90] Apel führt Ikonizität und Indexikalität daher direkt über die Redeweise von einfach und doppelt degenerierten Zeichen ein; diese Abwertung von nichtsprachlichen Zeichen

88 Peirce, *CP 1/2*, § 2.287f., S. 161–164.
89 Ders., *CP 3/4*, § 4.447, S. 359f.
90 Vgl.: Ders., *CP 5/6*, § 5.73, S. 51.

lässt jedoch einen der großen Vorteile der peirceschen Theorie, nämlich ihre sprachunabhängige Begründung, ohne Not fallen.[91]

An dieser Stelle mag man sich fragen, welchen Grund es hat, regelhafte Zeichenmittelbezüge von regelgetragenen (symbolischen) Objektbezügen zu differenzieren. Das eine bedingt jedoch mitnichten das andere; zwar beziehen sich alle Symbole regelhaft auf ihr Zeichenmittel, aber es gibt auch ikonische und indexikalische Zeichen auf Regelbasis, wie beispielsweise Landkarten, die konventionale Kartensymbole verwenden.[92] Analog zu den Objektbezügen sind auch bei Zeichenmittelbezügen solche der Erstheit und der Drittheit immer auf die der Zweitheit angewiesen; so lässt sich über die Regelhaftigkeit von Symbolen ebenso wie darüber, was Ikone abbilden, letztlich nur reden, indem auf Individuen indexikalisch Bezug genommen wird.[93]

Interpretantenbezüge

Die Entsprechung auf der Interpretantenseite sind Rhema (Erstheit), Dizent (Zweitheit) und Argument (Drittheit).

Rhematisch ist der Bezug auf einen Interpretanten, der nur hinsichtlich auf Qualitäten durch das Zeichen bestimmt ist. Peirce' Paradigma hierfür ist ein *Term*, also ein einfaches logisches Prädikat vor jeder Quantifizierung – etwas wie ›Hund‹ oder ›menschliches Wesen‹, wobei nicht gesagt wird, ob und wie vielen Individuen dieses Prädikat zukommt. Ein Zeichen mit rhematischem Bezug *(Rhema)* macht keine Aussage und ist daher auch nicht beurteilbar – jede Beurteilung müsste bereits ein weiteres Relat einführen.[94]

Dizentisch ist ein Bezug auf einen Interpretanten, der hinsichtlich Qualitäten und einer Anwendung dieser Qualitäten bestimmt

91 Vgl. Apel, *Der Denkweg von Charles S. Peirce*, S. 225ff.

92 Vgl. Liszka, S. 50f.

93 Vgl. Peirce, *CP 1/2*, § 2.295, S. 167.

94 Vgl. Liszka, S. 40f.

ist und somit das Zeichenobjekt als in einer zweistelligen Relation zu etwas anderem stehend interpretiert. Peirce erläutert hierbei verschiedene Unterklassen, die den verschiedenen *Satz*formen der kopulativen aristotelischen Logik entsprechen: So haben unter anderem Einzelaussagen wie »Manfred ist ein Philosoph«, Allaussagen wie »Alle Philosophen mögen Heidelbeerpfannkuchen« oder auch relative Individualaussagen wie »Johann liebt Cosima« dizentische Interpretantenbezüge beziehungsweise sind *Dizenten*.[95] Man kann einen dizentischen Bezug als ein Aggregat rhematischer Bezüge betrachten: Eine Aussage wie »Manfred ist ein Philosoph« impliziert, dass im Interpretanten erst einmal »Manfred« und »Philosoph« rhematisch bestimmt werden.

Argumentativ ist der Bezug auf einen Interpretanten, der in einem regelhaften Bezug zu anderen Zeichen steht. Peirce' Paradigma dafür ist der logische *Schluss;* an einer Stelle schreibt er explizit, dass ein argumentativ interpretiertes Zeichen (Argument) sich auf eine (dizentische) Prämisse beziehen müsse.[96] Als den durch einen Schluss bestimmten Interpretanten kann man seine Konklusion sehen, ebenso aber auch den Schlussprozess, der zu dieser geführt hat, oder die Auswirkungen des Durchgangs durch diesen Schlussprozess auf den Erkenntnisbestand des schließenden Subjekts.[97]

Wie bei den anderen Relatstellen gilt auch hier, dass es keine reinen Erstheits- oder Drittheitsbezüge geben kann: Jede Bezugnahme auf ein Rhema prädiziert auf irgend eine Weise, insofern sind Rhemata stets nur mittelbar an Dizenten gegeben; Argumente wiederum müssen schon per Definition Dizenten einschließen.

---

95 Vgl. Liszka, S. 41f.

96 Wobei diese Prämisse auch die Konjunktion mehrerer Sätze sein kann, die man konventionellerweise als getrennte Prämissen bezeichnen würde; vgl. Peirce, *CP 1/2*, §2.253, S. 145f.

97 Vgl. Liszka, S. 42f.

– Diese kurze Darstellung der möglichen Bezugsweisen von Zeichen schließt mein Referat von Peirce' Zeichentheorie ab. Mir ist bewusst, dass dieser theoretische Exkurs verhältnismäßig viel Raum eingenommen hat; angesichts der Komplexität einer Theorie, die immerhin beansprucht, ausnahmslos alle als bedeutungstragend interpretierbaren Phänomene beschreiben zu können, lässt sich dies jedoch kaum vermeiden.

4.2 Peirce-Semiotik als Modellierungswerkzeug für Institutionen

Die Texte von Schönrich und anderen Forschern des Sonderforschungsbereichs 537 entwickeln mit Hilfe von Peirce' Zeichentheorie ein Detailmodell für das Wirken von Institutionalität. Dieses beruht darauf, Abfolgen von Handlungen als Abfolgen von Zeichen und Anschlusszeichen, also Interpretanten, zu betrachten.

4.2.1 Handeln als Zeichen

Das peircesche Zeichenmodell eignet sich ohne weiteres dazu, Handlungen nach gängigen handlungstheoretischen Schemata zu beschreiben. Im einfachsten Falle steht eine Handlung als Zeichenmittel, der Zweck als Objekt und die Handlungsfolgen als Interpretanten. Schönrich differenziert dabei, wie auch Peirce in seiner Kategorienlehre, von der sich die oben besprochenen unterschiedlichen Zeichenbezugsweisen ableiten, zwischen Instanzebene und Typebene: Auf der Instanzebene sind die Relate der Wille des Handelnden als Objekt, die dem Handlungsvollzug dienenden Regungen als Zeichenmittel und die Handlungsfolgen als Interpretant; auf der Typebene kann beispielsweise eine Institution als die Klasse, die sich im jeweiligen Wollen eines Einzelnen instanziiert, an die Objektstelle treten, und Handlungsschemata an die Stelle von Zeichenmittel und Interpretant.[98]

Hält man sich an die Deutung, nach der Interpretanten streng genommen immer Geistesregungen oder ihrerseits Handlungen sein müssen, funktioniert dieses Modell nur unter der Annahme eines Beobachters, da zum Beispiel Handlungsfolgen an unbelebten Sachen erst erkannt und damit in Regungen übersetzt werden müssen, bevor sie als Interpretanten in eine Zeichentriade eingehen können. Da in Gestalt des Handelnden aber stets mindestens ein Beobachter zugegen ist, halte ich dies nicht für eine gravierende Einschränkung.

Interessant wird es, wenn die Reaktion einer anderen Person an der Interpretantenstelle einrückt. Die Folgen dieses Anschlusshandelns sind, wendet man das Modell konsequent an, Interpretant des Interpretanten, das Handeln selbst damit sowohl Interpretant als auch sekundäres Mittel. Unter der Bedingung, dass die erste Handlung *als Handlung interpretiert* wird und dem Interpretierenden nicht als ein völlig Äußerliches zustößt, setzt dieses Anschlusszeichen mit seiner Objektstelle beim Grund der ersten Handlung an. Die Darstellung einer Zeicheninterpretation durch ein Zeichen in Abbildung 3 kann also auch als Darstellung einer Handlungsinterpretation durch eine Handlung gelten.

4.2.2 Institutionen als reflexiver Zeichenfluss

Wie jedes Zeichen erst durch Anschlusszeichen zum bedeutungstragenden Zeichen wird, wird auch Handeln erst durch Anschlusshandeln bedeutungstragend. Die Aktion des Akteurs wird durch die Reaktion des Gegenübers auf ihren Grund hin interpretiert und umgekehrt; eine Abfolge von aufeinander bezogenen Handlungen

98 Vgl. Schönrich, Gerhard, Symbolisches Handeln in Institutionen. In: Patzelt, Werner J. (Hrsg.), Parlamente und ihre Symbolik. Programm und Beispiele institutioneller Analyse. Wiesbaden: Westdeutscher Verlag, Februar 2001, S. 85.

wird so zum Zeichenstrang, den ein Objekt (als primäres, sekundäres, tertiäres und so weiter) durchläuft. Hier ist der Ansatzpunkt dafür, den in Abschnitt 3.1 entwickelten Institutionenbegriff im peirceschen Zeichenmodell zu erklären: Eine Menge von Handlungen ist dann eine institutionell geregelte Praxis, wenn Folgehandlungen jeweils am Grund und nicht nur einfach am Interpretanten (den Folgen) der vorhergehenden Handlung angreifen. Jede Reaktion auf eine institutionelle Handlung ist damit gleichzeitig eine Prüfung darauf, ob diese den anzuwendenden Regeln genügt; »die Anschlußhandlung schließt derart an die Handlung an, daß diese als für die Institution stehend sichtbar wird«[99].

Schönrich und Baltzer demonstrieren das beschriebene Institutionenmodell an verschiedenen Alltagssituationen. Die besprochenen Phänomene sind so unterschiedliche wie das Warten und Bezahlen an einer Supermarktkasse[100] oder die Flaggenparade bei der Bundeswehr[101]. So ist es in Baltzers Supermarktbeispiel der Warnruf der Kassiererin, der als Interpretant der Fehlhandlung des Kunden, der zu bezahlen vergessen hat, steht.

In der jedem institutionellen Handlungsschritt einbeschriebenen Kontrolle des Regelhintergrundes entfaltet sich die Fähigkeit zur *Selbstkorrektur* der Institution: Auf ein Fehlhandeln wird durch eine Korrekturhandlung reagiert. Diese kann beispielsweise die Form einer *Sanktion* annehmen; sie entspricht in der Abbildung 3 dem sekundären Interpretanten. Im Idealfall kann an die Korrekturhandlung dann dieselbe nächste Handlung anschließen, die an die durch sie korrigierte Handlung angeschlossen hätte, wenn diese nicht hätte korrigiert werden müssen:

---

99 Baltzer, Symbole, S. 120.

100 Vgl. ebd., S. 126–132.

101 Vgl. Schönrich, *Semiotik zur Einführung*, S. 118ff.; wird dort und auch sonst bei Schönrich allerdings fälschlicherweise durchgehend als »Fahnenappell« bezeichnet. »Flaggenparade« ist die offizielle Bezeichnung nach der Zentralen Dienstvorschrift 10/6, inoffiziell wird auch von »Flaggenappell« gesprochen; »Fahnenappell« ist in jedem Fall falsch, da Fahnen nicht an Masten hochgezogen werden, sondern einen festen Schaft haben.

> »Die Pointe der normativ gehaltvollen Korrekturepisode besteht aber gerade darin, das zuvor faktisch regelmäßige Handlungsmuster auch im Fall der Abweichung wieder in Kraft zu setzen. [...] Die Mitwirkung der anderen Personen [kann] eine Schlechterfüllung oder gar einen glatten Verstoß in die erfolgreiche Ausführung des üblichen Musters verwandeln«[102]

Korrekte Handlungen sind durch ihr korrektes Anschließen bereits als zur Institution gehörig ausgezeichnet; inkorrekte Handlungen werden durch die Korrekturhandlung als »für die Institution stehend sichtbar« – das Korrigieren und Sanktionieren von Fehlhandlungen konstituiert die Institution ebenso wie die korrekten Handlungen, wenn nicht noch mehr.

In dieser abstrakten Formalisierung sind nun verschiedene weiter oben angesprochene Eigenschaften von Institutionalität erkennbar: So kann das reflexive Selbstkontrollieren und Selbstkorrigieren gesehen werden als das Absorbieren äußerer Störungen, als das Wiederherstellen einer ›Spannungsbalance‹ und als das Prüfen und gegebenenfalls Wiederherstellen der Identität der Institution mit sich selber. Man kann dies als Übertragung von Peirce' Grundsatz, wonach der menschliche Geist stets anstrebt, in eine Ruhelage des Eingebettetseins in Gewohnheiten und Gewohntes zurückzukehren[103], auf die überindividuelle Ebene sehen.

Man kann des weiteren in der peirceschen Terminologie eine recht zufrieden stellende Antwort darauf geben, was eine Institution denn eigentlich sei: Sie ist ein »Zeichenprozeß mit einem starken repräsentationalen Zug«[104], der sich als Aufstufung in eine Zeichentriade einschreiben lässt. Ihr *Begriff* ist normativ, als institutionelle Ordnung, das primäre dynamische Objekt dieser umbeschriebenen Triade; deskriptiv, als institutionelle Realität, ist er deren finaler Interpretant. Die Regelungsseite und die Befolgungsseite der Institution finden damit in der Darstellung als Zeichenprozess endgültig zueinander.

---

102 Baltzer, Symbole, S. 130f.
103 Peirce, *CP 5/6*, § 5.371ff., S. 230ff.
104 Schönrich, Symbolisches Handeln in Institutionen, S. 78.

Dies beantwortet nun noch nicht alle Fragen; es ist noch zu klären, wodurch Handlungen überhaupt als zu einer bestimmten Institution gehörig und damit als ihrem Selbstkontrollprozess unterworfen ausgezeichnet sind. Zudem fragt sich, anhand welcher Kriterien sich entscheidet, welche Handlungen wie korrigiert werden müssen.

4.2.3 Symbole als Bezugsmarkierung

Das primäre Objekt einer Institution ist als solches nie fassbar; Institutionen begegnen immer nur darin, dass Praxen ihnen unterworfen sind (»Was die Institution [...] als primäres Objekt ist, wissen wir nur über [...] Repräsentationen«[105]). Es muss allerdings möglich sein, die Institution irgendwie als sekundäres Objekt zu fassen, denn die Handlungen, die interpretieren, ob andere Handlungen die Institution korrekt repräsentieren, müssen sich auf ein solches sekundäres Objekt und damit auf einen Grund beziehen. Baltzer schlägt vor, den Grund einer Institution und damit das Objekt institutioneller Handlungen als eine Menge gewesener Handlungen zu sehen, die den Schemata für Handlungen, die in dieser Institution einschlägig sind, genügen. Dabei ist diese Menge nicht die Menge *aller* solcher Handlungen, sondern sie muss nur genügend Instanzen umfassen, dass ein Akteur sich daraus die Schemata hinreichend herleiten kann, um neue Handlungsinstanzen korrekt zu vollziehen.[106]

Dabei kann es Handlungen geben, die allein durch ihr Schema bereits einer Institution zugeordnet sind. Die Flaggenparade gehört sicher dazu – ein solches Ritual wird in dieser exakten Form nirgendwo außer bei der Bundeswehr durchgeführt. Normalerweise sind Institutionen im baltzerschen Modell jedoch durch einen Vorrat von Praxen gekennzeichnet, die erst durch ihre Bezogenheit aufeinander als zur Institution gehörig markiert sind; so sind das Biertrinken, das Beten und das Spendensammeln in ihrem wechselseitigen Bezug konstituierend für die Institution Franziskanerorden,

105 Schönrich, Symbolisches Handeln in Institutionen, S. 87.
106 Vgl. Baltzer, Symbole, S. 122, Fußnote 2.

obwohl jede einzelne Praxis auch durchaus außerhalb und von Nichtfranziskanern ausgeübt werden kann.[107]

Das, was die einzelnen Handlungsschemata einer Institution beziehungsweise ihre Vollzugspraxen aneinander bindet, sind nach diesem Ansatz *Symbole.* Eine ganze Reihe von Handlungen von Franziskanermönchen werden zu einem Bündel zusammengefasst, indem sie alle »in raumzeitlicher Kontiguität zu einem sinnfälligen Gegenstand«[108], nämlich der franziskanischen Mönchskutte, stehen. Baltzers Diagramm[109] scheint »raumzeitliche Kontiguität« zwar als zweistellige Relation darzustellen, was in einer Erklärung auf Basis piercescher Semiotik doch ein wenig überrascht. Im Folgenden wird allerdings eindeutig klargestellt, dass die Verknüpfung immer interpretantenvermittelt, also durch Anschlusszeichen, erfolgen muss, und dass andere Grundrelationen als die »raumzeitliche Kontiguität« möglich sind. In jedem Fall ist in diesem Modell das Symbol nicht einfach der sinnfällige Gegenstand oder die damit verknüpfte Handlung, sondern das »Gesamte des zeichenhaften Bezugs« zwischen beidem.

Nun ist ein Gegenstand selten ausreichend, um die Bezüge in einer Institution vollständig herzustellen, und zudem lässt sich am bloßen Handeln nicht ausmachen, ob und welche Gegenstände für eine bestimmte Institution stehen. Auf einer weiteren Ebene sind also Bezüge zwischen verschiedenen Symbolen notwendig – die Verknüpfung zwischen den unterschiedlichen Kutten verschiedener Klassen eines Mönchsordens beispielsweise geschieht über die gemeinsame Teilnahme ihrer Träger an Gottesdiensten.[110] Letztlich entsteht so ein mehr oder minder eng gekoppeltes Netz, in dem die Symbole einer Institution Bezüge zwischen ihren Praxen herstellen und die Praxen einer Institution Bezüge zwischen ihren Symbolen.

---

107 Vgl. Baltzer, Symbole, S. 123.

108 Ebd., S. 124.

109 Vgl. ebd., Fig. 2, S. 124.

110 Vgl. ebd., S. 125.

Baltzer geht nach meinem Dafürhalten davon aus, dass mindestens ein Symbol explizit als Symbol der Institution eingeführt worden sein muss:

> »[Es gibt] im institutionellen Gefüge Handlungen[...], die ganz explizit die Verknüpfung von institutionellem Geschehen und der Kleidung stiften. In der Zeremonie wird sinnfällig, daß diese Ordenstracht zu dem Orden wesentlich dazugehört. Die Kleidung ist nicht zufälliges Beiwerk, sondern wesentlicher Bestandteil des Ordenslebens.«[111]

Mir scheint eine Institution im in Abschnitt 3.1 beschriebenen breiten Sinne eines Wirkungsbereichs von Institutionalität nicht auf eine solche offene Auszeichnung bestimmter Symbole als »wesentliche Bestandteile« angewiesen. Eine Institution kann als Komplex aus Verweisen zwischen Praxen und Symbolen auch sozusagen in der Luft hängen. Soziale Milieus sind hierfür ein klassisches Beispiel – der hochgeklappte Polohemdkragen des Medizin- oder Jurastudenten, die bunte Umhängetasche des ›Kreativen‹ aus Berlin-Mitte, früher vielleicht das Monokel des preußischen Konservativen, vernetzen Praxen und ordnen einem Milieu zu, ohne dass offen ausgezeichnete Symbole das Netz irgendwie explizit verankerten. Einer der Gegenstände der Soziologie und der Kulturwissenschaften besteht darin, solche Netze ausfindig zu machen und ihnen begründete Beschriftungen aufzukleben.

Mit dem expliziten Designieren bestimmter Symbole als ›offiziell‹ gewinnt eine Institution einen Ansatzpunkt, um sich selbst zu beschriften und abzugrenzen. Sie erhält eine gewisse Kontrolle über ihr Symbolnetz. Genauso kann auch eine einzigartige Praxis als eine solche Kennzeichnung designiert werden, wie im Beispiel der Flaggenparade, die einen Fixpunkt im Symbolnetz der Bundeswehr darstellt. Symbol und Praxis fallen so in eines; die Flaggenparade ist eine *symbolische Praxis* nicht nur in dem Sinne, dass sie durch Symbole in einen institutionellen Zusammenhang eingebunden ist, sondern darin, dass sie buchstäblich ein Symbol *ist.*

111 Baltzer, Symbole, S. 125.

4.2.4 Analogie als »interinstitutionelle Mimikry«

»Völlig unangefochten«, stellt Baltzer fest, stehen nicht alle Institutionen. Die weniger stabil legitimierten jedoch sind in der Lage, sich bei stabileren über einen Mechanismus, den er »interinstitutionelle Anleihe oder Mimikry«[112] nennt, mit Legitimation zu versorgen.

Das beschriebene Beispiel ist das eines kreisförmigen, rot umrandeten Verbotsschildes an einer Eisenbahnbrücke, das Unbefugten das Betreten verbietet. Man muss Baltzers Ansicht nicht teilen, dass dies eine inhaltslose Formel sei, die pragmatisch nichts mitteilen, sondern an der Reflexion des Betrachters vorbei den unhintergehbaren institutionellen Rahmen errichten solle, dass es überhaupt Befugte und Unbefugte gebe. Für zweifellos richtig halte ich jedoch seine Erklärung, dass die Wirkungsmacht der Formel in erster Linie dem aus dem Symbolvorrat des Straßenverkehrs entlehnten roten Kreisring geschuldet ist.[113] Die Institution Straßenverkehr ist, zumindest darin, dass sie präzise Gebote und Verbote mit einem ebenso präzisen Symbolvokabular macht, weitestgehend unumstritten; der Eisenbahnbetreiber schmückt sich durch eine Anleihe bei diesem Vokabular mit eben dieser Unumstrittenheit, das heißt: mit Legitimität.

Das Maß der Legitimität, sozusagen die Währung, in der interinstitutionelle Anleihen aufgenommen werden, ist somit die Fähigkeit einer Institution, Fehlhandlungen zu korrigieren beziehungsweise gleich die korrekten Handlungen als alternativlos erscheinen zu lassen. Das Verbotsschild wird übernommen aus einer Institution, wo es praktisch alternativlos mit dem Akt des Nichtbetretens assoziiert ist, und soll in einem anderen Kontext ähnlich wirken.

Diese Mitteilung von Legitimität an eine schwächer verankerte Institution über einen ikonischen Bezug ist letztlich auch das, was Schönrich und Baltzer als Grundlage so genannter regelimpliziter Eigengeschichten besprechen: Die gemeinsamen »bestimmte[n] Annahmen [...], an denen gleichsam als festem Drehpunkt wie für

112 Baltzer, Symbole, S. 132.
113 Vgl. ebd., S. 133.

einen Hebel die Normativität von der erzählten Welt in die aktuelle Welt umgeschlagen werden kann«[114] bestehen in diesem Fall darin, zu unterstellen, dass ähnliche Symbole auch Ähnliches bedeuten und die Bindekraft von Symbolen wenigstens zu einem gewissen Grade unabhängig von ihrem Kontext ist.

4.3 Institutionen jenseits einfacher Ritualität

Praxen wie die Flaggenparade sind dadurch charakterisiert, dass jede einzelne Instanz eine Wiederholung oder besser Wiederaufführung ist. Schönrich spricht in Anlehnung an die Terminologie Israel Schefflers von »reenactment«[115]; er übersetzt in die peircesche Terminologie:

> »Jeder aktuelle Fahnenappell ist neben dem, was er sonst noch darstellt, eine ikonische Darstellung aller vergangenen und zukünftigen Fahnenappelle. Er reproduziert alle früheren Replicas und antizipiert alle folgenden.«[116]

Diese Ikonizität der Flaggenparade macht es denkbar einfach, ihren korrekten Nachvollzug zu sichern. Die Flaggenparade an einem Tag ist dann korrekt vollzogen, wenn sie genauso vollzogen (›reenacted‹) wurde wie die am Vortag. Sie repräsentiert sich damit selbst als Replica früherer und kommender Flaggenparaden und ihren eigenen Charakter als Replica; sie ist ein *Ritual.* Diese ikonische Ähnlichkeit läuft ohne Interpretantenvermittlung mit und macht die Flaggenparade, solange sie nicht hinterfragt, sondern höchstens einmal technisch falsch vollzogen wird, gewissermaßen semiotisch autark.[117]

Wenn auch Rituale für Schönrich und Baltzer das Paradigma für institutionelles Handeln darzustellen scheinen, sind doch längst

---

114 Schönrich und Baltzer, S. 21.
115 Vgl. Schönrich, Symbolisches Handeln in Institutionen, S. 89.
116 Ders., *Semiotik zur Einführung*, S 132f., Endnote 65 zu S. 120.
117 Ders., Symbolisches Handeln in Institutionen, S. 89f.

nicht alle institutionellen Handlungen rituell; es sind sogar die allerwenigsten. An der Supermarktkasse, im Franziskanerkloster oder beim Formaldienst der Bundeswehr bestehen zwar viele konstituierende Praxen wirklich darin, dass Handlungen ein ums andere Mal gleich nachvollzogen werden, wenn sie auch nicht alle in gleichem Maße als Symbol ihrer selbst markiert sind – das Bezahlen im Supermarkt, das Biertrinken der Mönche oder die verpflichtende allmorgendliche Rasur der Bundeswehrsoldaten konstituieren durch ihre Wiederholung zwar die Institution mit, sind aber nicht als Verankerungspunkte des symbolischen Netzes designiert wie die Flaggenparade oder die Eucharistie in der Klosterkirche.

Die Korrekturhandlungen bleiben gleichfalls einfach. Der Ruf der Kassiererin, der den Supermarktkunden daran erinnert, dass er gerade seinen Einkaufswagen ohne zu bezahlen an ihr vorbeigeschoben hat, ist kaum mehr als ein simpler Index, ähnlich dem Warnruf des Fuhrmanns in Peirce' Beispiel – er hat denn auch einen richtenden Charakter darin, dass er dem Kunden eine Richtung, nämlich die zurück zur Kasse, vorgibt. In ähnlicher Weise richtet der – gegebenenfalls völlig unartikulierte – Zuruf des Offiziers den Körper eines Soldaten, der ein Kommando nicht befolgt hat, indexikalisch neu aus.

Die weitaus interessanteren institutionellen Handlungen sind jedoch jene, denen man keinen rituellen Charakter mehr zuschreiben kann. Das korrekte Handeln eines Bundeswehrsoldaten bei einer Patrouille im Auslandseinsatz oder eines Franziskanermönchs als Chef der Klosterbrauerei lässt sich nicht mehr durch simplen Abgleich ikonischer Handlungen gegeneinander als richtig oder falsch interpretieren. Der die Brauerei leitende Mönch handelt nicht dadurch im Sinne der Institution Franziskanerorden, dass er rituell auf immer gleiche Weise Dokumente unterzeichnet und in Besprechungen gleiche Formeln wiederholt; es geht auch darum, *was* er unterschreibt und sagt.

Das Grundschema, dass symbolisch aufeinander bezogene Praxen, deren Zusammenhalt von Fall zu Fall durch das Kompensieren von Fehlhandlungen durch Korrekturhandlungen gesichert wird, eine Institution konstituieren, ist auch bei nichtrituellen Praxen das Gleiche: Durch den Briefkopf der Klosterbrauerei sind beispielsweise die Einzelhandlungen des Brauereileiters als zum Kloster gehörig markiert. Eine Fehlhandlung wie etwa eine Veruntreuung wird dadurch kompensiert, dass der betreffende Mönch gemaßregelt oder sogar durch einen anderen ersetzt wird, so dass Anschlusshandlungen, die auf ein korrektes Handeln hin zu erwarten gewesen wären – wie zum Beispiel, dass der Hopfenlieferant auch in der folgenden Woche seine Lieferung leistet und nicht die Geschäftsbeziehungen abbricht – dem Fehlgehen zum Trotz weiter in normaler Weise anschließen können.

Diese Interpretation der mutmaßlichen Veruntreuung auf korrekte Repräsentation der Institution hin wird höchstwahrscheinlich als ein vielschrittiger und diskursiver Prozess stattfinden, der den Austausch von Argumenten zwischen mehreren Akteuren im institutionellen Zusammenhang erfordert und auch auf andere Institutionen übergreifen kann: Wirtschaftsprüfer, das Finanzamt oder die Justiz könnten beispielsweise eine Rolle spielen. Diese Aufgabe ist erheblich komplexer als die Prüfung darauf, ob in einem militärischen Ritual falsch auf ein Kommando reagiert oder das Bezahlen an der Supermarktkasse vergessen wurde. Solche komplexe Korrekturen, die mit argumentativen Zeichenbezügen arbeiten, sind es, bei denen Geltungsgeschichten ins Spiel kommen.

4.3.1 Die Rolle von Geltungsgeschichten

Der Platz des Begriffs der Geltungsgeschichte in diesem Institutionenmodell ist nun klar: Eine Geltungsgeschichte beziehungsweise das aktuale Erzählen einer solchen ist ein Zeichen in einem komplexen Korrekturprozess. Um erneut ein Militärbeispiel zu bemühen: Falls die Soldaten einer Einheit sich weigern, einem Befehl zum Angriff zu folgen – und gegebenenfalls einfachere Korrekturmittel wie ein Anbrüllen versagt haben –, kann der Befehlshaber eine Geschichte erzählen, die beispielsweise seine Truppe in eine heroische Tradition stellt, der sie zu genügen habe, oder schildert, wie ihren Vorgängern Schlachtenglück und göttliche Fügung beistanden, was gewiss auch für diesen Angriff zu erwarten sei. Ist er mit dieser Erzählhandlung erfolgreich, wird die Einheit den drohenden Riss in der Institution Militär dadurch schließen, dass sie trotz der anfänglichen Weigerung zum Angriff übergeht.

Wie in der ersten Untersuchung von Geltungsgeschichten angesprochen, ist hierbei nicht eine letztbegründete Argumentation das Ziel. Der Kommandant wird kaum versuchen, empirisch zu *belegen*, dass die Armee, in der er dient, früher ungewöhnlich viele heroische Taten oder ungewöhnliches Glück verzeichnen konnte. Seine Geschichte mag dies implizieren, aber sie braucht keine statistische Studie zu liefern. Zumeist wird der Kommandant sie auch gar nicht selbst erfunden haben.

Geltungsgeschichten können nämlich wie alle Geschichten tradiert werden. Das Erzählen wird dabei im Extremfall zu einem Ritual wie die oben beschriebene Flaggenparade – jedes Sprechen ist dann eine Replica aller vorhergehenden Sprechakte und nimmt alle folgenden vorweg. Man kennt diese völlig ritualisierte Form des Tradierens von Flaggeneiden, vom Rezitieren von Koransuren, von Gebeten, Glaubensbekenntnissen und anderen liturgischen und quasiliturgischen Texten. Auch in weniger stark ritualisierter Form erzeugt das Nacherzählen von Geschichten eine Kette von Replicas durch die Zeit. Geschichten, die man richtig oder falsch nacherzählen kann, sind damit letztlich geregelte, reflexive Praxen – sie sind selbst Institutionen.

Der Rückgriff auf eine Geltungsgeschichte in einer institutionellen Korrekturhandlung ist somit oft, wenn nicht immer, in sich bereits ein Verweis auf eine andere Institution. Da jeder Verweis ein Nacherzählen der Geschichte, auf die verwiesen wird, einschließt, schreibt sich das Erzählen einer Geltungsgeschichte in beide institutionelle Praxen ein, auch wenn diese jeweils für sich stehen können.

4.3.2 Geltungsgeschichten und Transformationen im Zeichenmodell

Es bleibt zu klären, wie Transformationen und das Illustrationsverhältnis, in dem sie zu Geltungsgeschichten stehen, in das beschriebene Modell eingehen können. Während institutionelle Handlungen, das Erzählen und Nacherzählen von Geschichten eingeschlossen, durch ihren Wiederholungscharakter bestimmt sind, wie er am reinsten an Ritualen hervortritt, sind Transformationen anscheinend grundsätzlich *singuläre* Handlungen.

So ist keine der Transformationen, die ich als Beispiele erwähnt habe, zur Wiederholung im Sinne eines ›reenactment‹ vorgesehen. Dies ist zunächst wenig verwunderlich – nach Vollzug der Transformationshandlung ist das Produkt als solches verschwunden; um sie erneut zu vollziehen, müsste man erst das Produkt auflösen und in das Edukt zurückverwandeln. Dies ist schon rein technisch nicht immer möglich und stellte zudem die Authentizität der Veranstaltung in Frage.

Der Rückgriff auf noch vorliegende oder neu gefertigte Kopien des Produkts umginge dieses Problem. Vielleicht lagern irgendwo noch ausreichend Druckplatten von *Mein Kampf*, um in regelmäßigen Abständen das Gründungszeremoniell der *Süddeutschen Zeitung* nachzuspielen. Dennoch wird es nicht getan und braucht auch nie getan zu werden; die Bedeutsamkeit der Zeremonie beruht nicht auf Wiederholung. Die Stellung der Transformation kann nicht über ein ›reenactment‹ erklärt werden. Dies passt auch zu der Denkfigur, Transformationen als Illustrationen zu sehen – während Geschichten durch Erzählen und Nacherzählen immer neu reproduziert werden, werden Illustrationen nur ›hervorgeholt‹ oder ›aufgerufen‹, *evoziert*. Wer eine Geschichte nacherzählt und ihr dabei Illustrationen zur Seite stellt, wird diese in den allermeisten Fällen nicht selbst an den entsprechenden Stellen neu malen oder zeichnen, sondern bestehende Illustrationen präsentieren.

Das Erzählen einer durch eine Transformation illustrierten Geltungsgeschichte schließt die Transformationshandlung also nicht in Form eines Nachvollzugs ein. Der Bezug ist nicht ›reenactment‹, also Wiederholen im Sinne eines Wieder-Durchspielens, sondern ›repetition‹, also Wiederholen im Sinne eines Wieder-Hervorholens; mit Hans Ulrich Gumbrecht gesprochen: »representation« statt »re-presentation«.[118] Bei einem Jubiläum der *Süddeutschen Zeitung* wird denn wohl auch kein Gedenk-Bleiguss durchgeführt; es ist hingegen sehr wahrscheinlich, dass der Wochenschaufilm des Bleigusses gezeigt wird.

Intuitiv scheint gerade die Singularität der Transformation wichtig für ihre Funktionalisierung zu sein: Dass, was da geschehen ist, gerade zu diesem Zeitpunkt geschehen ist, und dass es sich so einfach nicht wiederholen lässt, ist Teil des Nimbus, der Ereignisse wie den Druckplattenguss umgibt. Ich gehe daher davon aus, dass Bezüge auf Transformationen, auch wenn sie natürlich indirekt über Beschreibungen oder Abbildungen vermittelt sind, wirklich das Geschehen selbst zum Gegenstand haben und nicht wie der Bezug auf ein Ritual ein Schema, das immer neu instanziiert wird. Ich möchte im Folgenden an Hand der von Peirce entwickelten Kategorien von Zeichenbezugsweisen herausarbeiten, welcher Art diese Bezüge sein können.

118 Vgl. Gumbrecht, Hans Ulrich, Ten Brief Reflections on Institutions and Re/Presentation. In: Melville, *Institutionalität und Symbolisierung*, S. 70. Das Beispiel, an dem Gumbrecht die »re-presentation« als ein Vergegenwärtigen demonstriert, nämlich das christliche Abendmahlsritual im katholischen Verständnis, könnte oberflächlich als ein Angriff auf meine Argumentation erscheinen: Glaubt man an die Transsubstantiation, handelt es sich dabei um einen Transformationsakt, der per ›reenactment‹ seine – überdies manifestationslogische –, erhält. Ich erlaube mir jedoch, diesen Fall auszuklammern, da die Transsubstantiation kein intersubjektiv prüfbar vom Edukt unterschiedenes Produkt hervorbringt; lebensweltlich handelt es sich nur um ein Umwidmen einer Oblate. In einem nicht manifestationslogischen, lutherischen Abendmahlsverständnis kann die Konsekration eventuell als eine ›repetition‹ einer singulären Transformation gesehen werden.

4.3.3 Die Struktur des Nebenordnungsverhältnisses

Nach dem oben entwickelten Modell ist das Erzählen einer Geltungsgeschichte eine auf eine institutionelle Handlung aufgestufte Anschlusshandlung, die damit die Institution zum sekundären Objekt (also als Zeichengrund) hat. Der Interpretant sind wie bei jeder Handlung die Handlungsfolgen und darunter auch Anschlusshandlungen.

Zugleich bezieht sich der Erzählakt aber auch auf die Geschichte, die er erzählt. Dabei ist es für meine Analyse unerheblich, ob man diese als ein einfaches Objekt annimmt oder sie weiter aufschlüsselt als eine institutionelle Praxis des Nacherzählens, die vom Inhalt der Geschichte als dynamischem Objekt angetrieben wird. In jedem Fall wird eine weitere Triade aufgemacht, allerdings nicht aufstufend, sondern durch einfachen Anschluss.

Auf diese lässt sich nun neuerlich der Akt des Illustrierens der Erzählung mit einer Transformation aufstufen: Das Illustrieren ist eine Interpretation (Korrektur beziehungsweise Bekräftigung) des Erzählakts hinsichtlich seiner Repräsentation der Geschichte. Wie das Erzählen selbst bezieht es sich nicht nur auf den Grund des Zeichens, auf das es aufgestuft ist, sondern in einer weiteren Triade auf ein weiteres Objekt, nämlich die Transformation.

Institution, Handlung, Erzählakt und Geltungsgeschichte stehen also in einem ähnlichen Verhältnis wie Geltungsgeschichte, Erzählakt, Illustrationsakt und Transformation. Dabei handelt es sich, wie beschrieben, nicht etwa um vierstellige Relationen, die im peirceschen Modell unzulässig sind, sondern jeweils um einen Komplex aus einer Zeichenaufstufung und einer einfachen Zeichenreihung. Diese Sequenz aus Bekräftigungen von Zeichenrelationen durch Hinzuziehen neuer Objekte lässt sich prinzipiell auch fortsetzen – Geschichten und Transformationen können durch neue Geschichten erklärt werden.

Ich habe nun nicht vor, diesen Formalismus durch längere Abhandlungen zu treiben, sondern lediglich, zu zeigen, wie sich die Nebenordnung von Geltungsgeschichten zu Institutionen und von

Transformationen zu Geltungsgeschichten semiotisch modellieren lässt. Dabei tritt zu Tage, dass Transformationen mittelbar oder unmittelbar an allen drei Stellen einer Zeichentriade auftreten können: Sie sind Zeichenmittel, insofern sie veranstaltet oder evoziert werden, um bestimmte Effekte zu erreichen; sie sind Interpretanten, insofern ihre Veranstaltung oder Evokation selbst ein Effekt ist; sie sind Objekte, insofern die Vorstellung davon, wie eine Transformation war oder sein soll, ihre Veranstaltung oder Evokation bestimmt. Diese potenzielle Funktion als jede der drei Arten von Zeichenrelat ist jedoch vielen Phänomenen gemeinsam, darunter allen menschlichen Handlungen. Sie macht das Besondere von Transformationen nicht aus.

Der besondere Zug von Transformationen liegt in ihrem *Modellcharakter;* er liegt in ihrem Potenzial, zugleich ikonische, indexikalische und symbolische Bezüge in besonderer Reinheit und Einfachheit zu ermöglichen.[119]

4.3.4 Kategorien des Bezugs auf Transformationen

Transformationen können zunächst einmal als Ikone fungieren, genauer gesagt und mit Peirce gesprochen: als Diagramme. Dies ist am anschaulichsten dann der Fall, wenn Edukt und Produkt selbst Ikone sind, wenn beispielsweise nach einer Revolution die Statue des Königs eingeschmolzen und in eine Statue des neuen Präsidenten umgegossen wird. Der Bezug ist in diesem Beispiel ein diagrammatischer: Der Vorher-Nachher-Relation zwischen den beiden Statuen entspricht die Vorher-Nachher-Relation der beiden Staatsoberhäupter. Die Ikonizität hat in diesem speziellen Fall die Ausprägung einer viergliedrigen Proportionalitätsanalogie, wie sie

119 Womöglich liegt dies darin begründet, dass eine Transformation eine konkrete Realisierung einer irreduziblen triadischen Beziehung darstellt. Jedoch lassen sich Edukt, Produkt und Handlung nicht auf Zeichen, Objekt und Interpretant abbilden, und man sollte nicht den Fehler machen, alle irreduziblen Triaden für peircesche Zeichenrelationen zu halten; schließlich wäre dann auch eine Skatrunde eine solche.

Kant in der *Kritik der Urteilskraft* bespricht[120] und wie sie häufig als Erläuterung für den peirceschen Diagrammbegriff schlechthin verwendet wird.[121] Hierfür ist denn auch Abbildung 1 eine ohne weiteres einleuchtende Darstellung.

Dies ist jedoch nicht die einzige Form der Illustrationsfunktion, die eine Transformation haben kann. Dass beispielsweise die Relation »vorher Druckplatten für ›Mein Kampf‹ – nachher Druckformen für die ›Süddeutsche Zeitung‹« proportional erscheint zu »vorher Drittes Reich – nachher neues Deutschland«, ist nicht in Ikonizität begründet. Über diese Transformation zu sprechen wie über eine Analogie, die sich auf ein Verhältnis anschaulicher Objekte bezieht, ist erst möglich, wenn sie zumindest in Teilen bereits verstanden wurde.[122]

Zum zweiten können indexikalische Bezüge hergestellt werden. So markiert die Transformationshandlung dadurch, dass sie singulär ist, einen Ort und einen Zeitpunkt. Insofern ist ein indexikalischer, richtender Bezug auf sie möglich, wie er darin anklingt, wenn davon gesprochen wird, ›*zurück*zudenken‹ oder den ›Blick auf die Vergangenheit zu richten‹: Wie beispielsweise eine Flagge indexikalisch die Blicke zu einem Ort und nach oben zwingt und damit unmittelbar räumlich eine Konstellation von Unterordnung und Zentralität schafft[123], zwingt die Transformation den Fokus des Denkens gegebenenfalls in die Vergangenheit und schafft eine Konstellation des Hineingestelltseins in eine Tradition. Die räumlich richtende Funktion ist gleichfalls gegeben: Das Erwähnen des Druckplatten-Umgusses zwingt den Blick nicht nur in die Vergangenheit, sondern auch nach München – es kann beispielsweise den, der die *Süddeutsche Zeitung* immer nur als ein nationales Medium verstanden hat, an ihre lokalen und regionalen Ursprünge erinnern.

Diese örtlich und zeitlich situierende Funktion, wie sie die Vignette am Anfang eines Romankapitels hat, dessen Handlung sie durch

120 Vgl. Kant, § 59, S. B 255.

121 Vgl. z. B. Liszka, S. 37.

122 Vgl. Schönrich, Symbolisches Handeln in Institutionen, S. 80f.

123 Vgl. ebd., S. 91.

Zeigen einer stilisierten Landschaftsansicht an einen Ort und in eine Zeit zu stellen vermag, kann nun jede singuläre Handlung entfalten, ohne eine Transformation sein zu müssen. Darüber hinaus ist eine Transformation aber nicht nur richtend, sondern selbst gerichtet: Edukt und Produkt sind klar als Vorher und Nachher ausgezeichnet; die Transformation gibt damit nicht nur einen Zeitpunkt, sondern mit dem »Moment des Nacheinander«[124] auch einen *Zeitpfeil* an; sie markiert einen Ort und eine Richtung, so wie ein in der Ferne stehender Wegweiser neben einer Richtung auch seinen eigenen Standort anzeigt. Sie ist ein stilisiertes, exemplarisches Modell dafür, dass Veränderung die Zukunft von der Vergangenheit scheidet, und offensichtlich bestens geeignet zur Illustration von Diskontinuität. Diese zeitliche Indexikalität ermöglicht damit nebenbei auch erst den beschriebenen diagrammatischen Bezug anhand von Vorher-Nachher-Relationen.

Diese Veränderung, die die Zukunft von der Vergangenheit scheidet, geschieht im Modell der Transformation jedoch nicht spontan, sondern sie wird, weiterhin stilisiert und exemplarisch, als *absichtlich bewirkt* dargestellt: Das Edukt wurde zum Produkt *aufgrund* der Transformationshandlung. Damit ist die Transformation auch ein Modell für *Kausalität*, und zwar ein Minimalmodell – sie exemplifiziert einen Zustand und einen Folgezustand an zwei Gegenständen; die Transformationshandlung, die per Definition der zureichende Grund für den Übergang zwischen diesen beiden Zuständen ist, ist auch gleichzeitig das einzige verbleibende Relat. Sie exemplifiziert, wie die menschliche Erkenntnis an die Kategorie der Kausalität gebunden ist.

> »Alle Erkenntnis geht zuletzt [...] darauf aus, die Vielheit der Erscheinungen der Einheit des ›Satzes vom Grunde‹ zu unterwerfen.«[125]

124 Cassirer, Ernst, Philosophie der symbolischen Formen. Erster Teil: Die Sprache. Berlin: Bruno Cassirer, 1923, S. 27.

125 Ebd., S. 8.

Der Objektbezug der Transformation ist insofern symbolisch, ihr Zeichenmittelbezug regelhaft, ihr Interpretantenbezug argumentativ, denn sie bedeutet Kausalität nur dadurch, dass sie sich auf das (regelhafte) Kausalitätsprinzip bezieht, und dass ihre Interpretation auf einem logischen Schluss beruht.

Transformationen illustrieren Geltungsgeschichten also dadurch, dass sie Orte und Zeiten markieren, Analogien an Vorher-Nachher-Beziehungen aufspannen und schematisch darstellen, dass Handlungen Veränderungen bewirken können. Entscheidend ist dabei, dass Institutionen sich nicht nur auf Transformationen beziehen, sondern diese durch Institutionen *aufgestellt* werden – entweder durch ihr Stattfinden als institutionelle Veranstaltung oder durch ihre nachträgliche Inanspruchnahme als Transformation durch die Institution.

Das Aufstellen einer Transformation etabliert, wie das Designieren ›offizieller‹ Symbole oder Rituale, einen Fixpunkt für das Praxennetz einer Institution. Zugleich erlaubt es ihr, die Geschichten, mit denen Geltungsansprüche und -erwartungen hinterlegt werden und die sich zwangsläufig immer im Symbolischen und Argumentativen abspielen, indexikalisch und ikonisch rückzuverankern.

5 Zwischenresümee

In den vorausgegangenen drei Kapiteln habe ich versucht, die verschiedenen Bausteine, die es braucht, um Wesen und Bedeutung von Transformationen zu modellieren, zusammenzutragen. Dazu habe ich auf mehreren Feldern operiert:

- Beschreibung von Transformationen als Vorgänge, wobei auf ein alltägliches Vorverständnis davon, was es heißt, etwas aus etwas anderem herzustellen, ebenso zurückgegriffen wurde wie auf handlungstheoretische Formalisierungen.
- Beschreibung dessen, was Transformationen bedeuten können, als institutionelle Geltungsgeschichten; dabei werden die Geschichten aber keineswegs durch die Transformationen selbst erzählt, sondern nutzen diese als Illustrationen im weitesten Sinne.
- Beschreibung von sinnfälligen Bezügen aller Art zwischen Gegenständen, Handlungen und Ereignissen aller Art mit Hilfe des peirceschen Zeichenmodells; dieser Ansatz kann dazu genutzt werden, institutionell geordnetes Handeln als bestimmte Formen von Zeichenabfolgen und Institutionen selbst als Gruppierungen bestimmter Praxen, die ihren Zusammenhalt durch symbolische Querbezüge zwischen diesen Praxen erhalten, zu modellieren.

Bei diesen Beschreibungen sind einige Klärungen vorzunehmen gewesen. So habe ich gezeigt, dass die Einheit der Transformation, also die unlösliche Verbindung von Auflösung des Edukts und Herstellung des Produkts, nicht oder zumindest nicht in allen Fällen über ein beidem gemeinsames Material (eine materielle Substanz) erklärt werden kann. Dies nicht nur deswegen, weil dieser Ansatz die Frage danach aufwirft, was Substanz ist, sondern weil es viele Transformationen gibt, die sich nicht einfach als Aufprägen einer neuen Form auf ein durchgängig bestehendes Material beschreiben lassen.

Im Weiteren habe ich einen weit gefassten Institutionenbegriff entworfen und beschrieben, welche Rolle Geltungsgeschichten in diesem Begriff spielen; dies alles in der Hoffnung, Transformationen als institutionelle Phänomene fassen zu können. Da meines Erachtens alle oder nahezu alle Transformationen nur in institutionellen Zusammenhängen geschehen können, alleine schon deswegen, weil sie meistens für eine Öffentlichkeit veranstaltet werden, erscheint mir dies auch sinnvoll. ›Privattransformationen‹ müssen ohnehin nicht zwangsläufig nichtinstitutionell sein.

Das Geltungsgeschichten-Modell ist allerdings in zweierlei Hinsicht unbefriedigend: Transformationen sind keine Geltungsgeschichten, und der beschriebene Begriff der Geltungsgeschichte ist etwas unscharf hinsichtlich des zugrunde liegenden Bedeutungsmechanismus – wer erzählt da eigentlich was und wie?

Von der anderen Seite habe ich mich der Frage nach der Bedeutungsweise von Transformationen über die Modellierung von Institutionen als Bündel symbolisch verknüpfter Semiosenfolgen im peirceschen Zeichenmodell genähert. Entscheidend ist hierbei besonders die Reflexivität, die in der Kontrolliertheit institutioneller Handlungszeichen gründet: Kein solches kann ohne ein Anschlusszeichen stehen, das nicht nur das Geschehene an sich interpretiert, sondern auch darauf hin, ob und wie es die Institution repräsentiert. Die Verkettung von Handlungszeichen in Institutionen hat insofern den Charakter einer Aufstufung, bei der nicht bloß die Interpretanten zu neuen Zeichenmitteln, sondern gleichzeitig die Zeichengründe zu Objekten dieser Mittel werden.

Ein Interpretant eines solchen sekundären Objektes kann die Form einer Bestätigung oder der Korrektur einer Störung annehmen. Ein illegaler Interpretant wird durch eine Korrekturhandlung interpretiert. Korrigierte Fehlreaktionen können an die Stelle legaler Reaktionen treten: In einer idealen Institution wären die Korrekturmechanismen so tief gestaffelt, dass jedes unerwartete Handlungsergebnis in eine Handlungskette eingebaut werden kann, ohne dass dies den Endzweck gefährdet.

Im paradigmatischen Falle des Rituals ist die für jeden Korrekturmechanismus nötige Identifikation von Fehlhandlungen einfach zu lösen: Jede Abweichung vom immer gleichen ›reenactment‹ ist eine solche. Das Ritual ist insofern autark. Mit zunehmender Komplexität der Institution jedoch wird es aufwändiger, die Korrektheit einer Anschlusshandlung zu prüfen. Auch die notwendigen Korrekturhandlungen werden entsprechend komplizierter. Bei nahezu allen Institutionen involvieren Korrekturen Argumente, Kommunikation und gegebenenfalls Drittinstitutionen. Geltungsgeschichten sind in dieser Interpretation narrative Zeichen, die auch vorgefertigt und institutionell tradiert werden können, im Extremfall rituell. Auf sie kann in Korrekturprozessen referiert werden, um Akteure zu motivieren, im Sinne der Institution zu handeln. Sie werden umso wichtiger, je weniger mechanisch eine Fehlhandlung identifiziert werden kann.

Hier kommen nun Institutionen, Geltungsgeschichten und Transformationen zusammen: Geltungsgeschichten können ihrerseits zu ihrer Illustration auf nebengeordnete Transformationen zurückgreifen, wobei dieser Rückgriff nicht in Form sich gleichender Nachvollzüge, sondern in Form eines abbildenden oder beschreibenden ›Hervorholens‹ geschieht. Diese jeweiligen Transformationsbezüge können zum einen als Symbole für institutionelle Praxen fungieren, aber auch die Transformation in verschiedener Form als Anknüpfungspunkte für Geltungsgeschichten nutzbar machen:

ikonisch als Analogien von Zustandsänderungen;

indexikalisch als Verweis auf Orte und Zeiten sowie als Trennlinie zwischen Vorher und Nachher;

argumentativ als stilisierte Exemplifikation von Bewirktheit beziehungsweise Kausalität im Allgemeinen.

Transformationen geben somit Geltungsgeschichten die Möglichkeit, sich ikonisch und indexikalisch zu verankern, ohne ihren argumentativen, textuellen Charakter einzubüßen.

– Das Eingangsbeispiel dieser Arbeit lässt sich mit Hilfe dieses Modells nun folgendermaßen beschreiben: Die neu gestiftete Institution *Süddeutsche Zeitung* soll als (primäres) Objekt Handlungen regeln, in erster Linie natürlich die ihrer Redaktion. Es ist zu erwarten, dass Anschlusshandlungen, in denen richtige handelnde Repräsentationen dieser Institution bekräftigt und falsche korrigiert werden, nötig werden. Diese werden einige Komplexität aufweisen, da das korrekte Agieren als Redakteur einer Zeitung, die der Umerziehung und Entnazifizierung der bayerischen und deutschen Bevölkerung in der Nachkriegszeit dienen soll, nicht als rituelles Nachvollziehen des immer Gleichen zu leisten ist.

Daher werden Geltungsgeschichten etabliert, die zum Beispiel als Diskontinuitätsgeschichten davon erzählen, wie mit dem Kriegsende ein altes und schlechtes Deutschland, das durch ein neues und gutes ersetzt werden muss, zusammengebrochen ist, oder als Kontinuitätsgeschichten davon, wie die neue Zeitung in die große Pressetradition der Weimarer Republik einscheren soll. Diese Geschichten, die auch aufeinander aufbauen oder von Drittinstitutionen her bezogen werden können, haben ein hohes Abstraktionsniveau und ihre Kopplung untereinander ist nur schwer mit Hilfe der einfachen Präsenz gegenständlicher Symbole zu leisten.

Es wird daher, um eine Illustration für diese Geschichten zu liefern, eine Transformation veranstaltet: Das Edukt, die Druckplatten von *Mein Kampf*, wird in einer Handlung aufgelöst und gleichzeitig das Produkt, die Druckformen der neuen Zeitung, geschaffen; die Einheit der Transformation ist dabei in höchstem Maße garantiert, da sowohl Edukt, Produkt als auch Handlung gegenüber einer rein technischen Umwandlung überbestimmt sind – das Einschmelzen genau dieser Platten und das Gießen genau dieser neuen Druckformen bedingen sich nicht gegenseitig, und es ist auch nicht technisch notwendig, dass eine ganze Reihe von Amtsträgern am Vollzug der Handlung beteiligt ist.

Der Vollzug der Handlung markiert einen Ort und eine Zeit. Gleichzeitig grenzt er ein Vorher von einem Nachher ab. Dies ermöglicht wiederum, dass das Vorher und Nachher von ›altem Deutschland‹ und ›neuem Deutschland‹ als proportional gesehen werden kann zum Vorher und Nachher der alten und neuen Druckplatten. Der Kausalzusammenhang, den die Transformation exemplarisch zeigt, schematisiert dabei, dass genauso kausal bewirkt werden soll, dass Deutschland sich verwandle.

Damit ist die Transformation in vielfältiger Weise eine Lieferantin für *Topoi* für Geltungsgeschichten. Gleichzeitig markiert sie als designiertes Symbol die Institution *Süddeutsche Zeitung*: Befolgungspraxen, die auf dieses Symbol verweisen, gehören explizit zur Institution Zeitung.

6 Ausblick: Transformationen höherer Ordnung

Ich möchte im Folgenden über Phänomene sprechen, die sich mit Hilfe des umrissenen Transformationsmodells nicht direkt beschreiben lassen, sondern dafür zunächst eine Art Ebenenaufstieg benötigen – vom Konkreten zum Abstrakten, vom Aktualen zum Potenziellen, von der Instanz zur Klasse oder ähnlich.

6.1 Transformationen auf der Typebene

Die erste Form des Ebenenaufstiegs, die ich besprechen möchte, ist die von der Ebene der Instanz zu jener der Klasse; beziehungsweise, in Peirce' Formulierung ausgedrückt, von der Token- zur Type-Ebene.

6.1.1 Beispiel: Der EU-Barcode

Im Jahre 2001, also zwischen Beschluss und Ratifizierung des Vertrages von Nizza, fanden auf Einladung der Europäischen Kommission und der belgischen Regierung offene Gespräche über die Zukunft von Brüssel als De-facto-Hauptstadt der Europäischen Union statt.[1] Einer der Beiträge kam vom Designbüro AMO des niederländischen Architekten Rem Koolhaas und umfasste unter anderem einen Vorschlag für ein neues Logo für die EU, den so genannten Barcode. Es handelt sich hierbei um eine Zusammenstellung der Farben der Nationalflaggen der EU-Mitgliedsstaaten zu einem Rechteck aus parallelen Farbstreifen.

---

1 Vgl. Muynck, Bert de, Ground Euro. ⟨URL: http://www.mediamatic.net/page/9207/en⟩ – Zugriff am 22.11.2011.

Abbildung 6: Der Barcode, Stand 2001

Abbildung 7: Das Logo der EU-Ratspräsidentschaft 2006

In Abbildung 6 ist der Barcode dargestellt; es sind von links nach rechts die Nationalfarben Irlands, des Vereinigten Königreichs, Portugals, Spaniens, Frankreichs, Belgiens, der Niederlande, Luxemburgs, Deutschlands, Italiens, Dänemarks, Österreichs, Schwedens, Finnlands und Griechenlands zu erkennen, also die aller Mitgliedsstaaten auf dem Stand von 2001. Seinerzeit sorgte dieses Logo für erhebliche Verwirrung, da das Gerücht aufkam, es solle die alten zwölf goldenen Sterne auf blauem Grund als Europaflagge ersetzen; dies war jedoch weder von den Designern noch von Seiten der Union je vorgeschlagen worden, und die EU hatte damals wie heute weder eine offizielle Flagge noch eine offizielle Hymne oder Hauptstadt.[2]

2 Ich vermute, dass die Verwirrung auch daher rührte, dass sich seit Langem hartnäckig die Vorstellung hält, die zwölf Sterne stünden für Staaten. Die Europaflagge hat in der Tat große Ähnlichkeit zu solchen, auf denen Sterne

Nach der EU-Osterweiterung 2004 stellte AMO eine aktualisierte Version des Barcode mit den Farben der nunmehr 25 Mitgliedsländer vor, die einige öffentliche Aufmerksamkeit dadurch erhielt, dass die österreichische EU-Ratspräsidentschaft sie im ersten Halbjahr 2006 als Logo verwendete.

In dieser Version in Abbildung 7 ist die Folge der Nationalfarben von links nach rechts: Irland, Portugal, Spanien, Vereinigtes Königreich, Frankreich, Belgien, Niederlande, Luxemburg, Deutschland, Italien, Dänemark, Österreich, Schweden, Tschechien, Slowakei, Malta, Polen, Ungarn, Slowenien, Finnland, Griechenland, Lettland, Litauen, Estland, Zypern. Es sind nicht nur die Farben neuer Mitgliedsländer hinzugekommen, sondern die Ordnung der Streifen wurde insgesamt revidiert; die Streifengruppen für die einzelnen Länder folgen einander von links nach rechts weitgehend in derselben Reihung wie die linkesten Punkte der Territorien selbst auf einer winkeltreuen, genordeten Karte des Kontinents.

6.1.2 Analyse

In der peirceschen Terminologie ausgedrückt hat der Barcode einen doppelten ikonischen Objektbezug: Einmal bezieht er sich durch die vereinfachende, aber dennoch abbildende Wiedergabe der einzelnen Nationalflaggen bildlich auf diese. Mindestens in der zweiten gezeigten Version besteht durch die angenäherte geographische Anordnung zudem ein diagrammatischer Bezug zwischen dem Barcode und einer Karte Europas. Der Zeichenmittelbezug ist singulär, der Interpretantenbezug rhematisch.

---

für Staaten oder sonstige Gebietskörperschaften stehen; die Ringanordnung erinnert an Frühversionen der Flagge der USA. Hinzu kommt, dass die Flagge, obwohl 1953 vom Europarat mit der expliziten Maßgabe eingeführt, die Zwölfzahl sei als rein symbolisch anzusehen, von der EG 1986 ausgerechnet zu einer Zeit übernommen wurde, als diese genau zwölf Mitgliedsstaaten hatte. Die Vorstellung, der Übergang von Sternenflagge zu Barcode sei der von einem Darstellungsmodus von Einzelstaaten zu einem anderen, ist insofern naheliegend.

Dies ist jedoch weniger wichtig für mein Vorgehen als die mutmaßliche Transformation, die hinter dem Barcode steht. Nun lassen sich ein Edukt und ein Produkt leicht angeben: Die Edukte sind die Nationalflaggen der Unionsstaaten; das Produkt ist der Barcode. Schwieriger wird es, zu benennen, worin die Transformationshandlung bestehen soll.

Es hat nie eine Handlung gegeben, bei der die einzelnen Flaggen materiell in den Barcode umgewandelt worden wären. Selbst wenn man dies irgendwie realisiert hätte, zum Beispiel durch Zurechtdehnen und Zusammennähen elastischen Fahnentuchs, wäre das Ergebnis nicht der Barcode gewesen: Dieser besteht nur aus parallelen Farbstreifen; die komplexere Anordnung der Streifen in der griechischen, der britischen oder den nordischen Flaggen ist darin ebenso wenig erhalten wie das Wappen in der portugiesischen.

Dass ich den Barcode in zwei verschiedenen Versionen zeige, hat seinen Grund: Einmal zeigt es, dass er auf keine bestimmte Form angewiesen ist, sondern sowohl als eher kompaktes als auch als langgezogenes Rechteck funktioniert[3]; vor allem aber zeigt die Hinzunahme neuer Streifen für neue Mitgliedsstaaten, dass auch der *Inhalt* des Produktes Barcode variieren kann, wenn die Menge der Edukte sich ändert. Auch wenn ich bisher kein bildliches Beispiel dafür gefunden habe, ist es ein Leichtes, sich den Barcode nach der letzten EU-Erweiterung, also mit 27 Streifengruppen, vorzustellen.[4]

Zwischen einer Realisierung eines Barcodes auf Papier, Fahnentuch oder der Seitenwand einer Lokomotive und einer Form des

---

3 Dies ist ein weiteres Indiz dafür, dass der Barcode eben keine Flagge ist; die meisten Flaggen haben ein offiziell festgelegtes Seitenverhältnis (z. B. Deutschland 3:5, Frankreich 2:3, Vereinigtes Königreich 1:2). Ein Objekt mit dem Farbmuster der deutschen Bundesflagge, das aber im Gegensatz zu dieser nicht bloß fünf Drittel mal, sondern zwanzigmal breiter als hoch ist, ist keine deutsche Bundesflagge mehr, auch wenn es auf diese Bezug nimmt.

4 Es wäre dafür, wenn man bei der grob geographischen Ordnung bleibt, blau-gelb-rot für Rumänien an 21. Stelle und weiß-grün-rot für Bulgarien an 23. Stelle einzuschieben.

Barcodes zu einem bestimmten Zeitpunkt besteht ein ähnliches Verhältnis wie zwischen einer Flagge als Typ und ihrer Realisierung als konkretes Textilrechteck, nur etwas loser. Der jeweilige ›Barcode zu einem bestimmten Zeitpunkt‹ steht jedoch nochmals in einer Art Type-Token-Verhältnis zu dem, was man die ›Idee‹ des Barcodes nennen könnte. Letztlich ist ›der Barcode‹ nicht eine Anordnung von Farbstreifen, sondern eine *Herstellungsanweisung,* ein *Handlungsschema,* das angibt, wie man von einer Menge von Staaten zu einem Rechteck aus Farbstreifen gelangt.

Statt einer Transformationshandlung, die konkrete Edukte in konkrete Produkte verwandelt, liegt also eine abstrakte Handlungsklasse vor, die sich auf abstrakte Eduktklassen und abstrakte Produktklassen bezieht: Die Edukte sind Flaggen, und zwar nicht konkrete Flaggen, sondern Flaggen im Sinne heraldischer Beschreibungen, die in unterschiedlichster Form realisiert werden können; das Produkt ist ein Logo, ein buntes Muster, das sich auf praktisch jeder Oberfläche realisieren lässt, vom Regenschirm bis zur Speisekarte; die Handlungsklasse, die sich dazwischen aufspannt, besteht aus Handlungen, die eine Menge heraldischer Beschreibungen in die Beschreibung eines Logos verwandeln – also aus Akten, die im Geistigen oder vielleicht noch im Sprachlichen stattfinden.

Jede solche Transformation von einer Flaggenmenge zu dem entsprechenden Barcode entspricht dem Transformationskriterium: Durch den Akt des Zusammenordnens werden die Flaggen als solche aufgelöst, unter anderem dadurch, dass sie ihre präzise Umgrenzung und ihr Seitenverhältnis verlieren; der Barcode wird dadurch hergestellt; die Überbestimmung liegt unter anderem darin, dass die Streifenanordnung im Produkt nach geographischen Gegebenheiten bestimmt ist, was kein technisches Erfordernis des Nebeneinander-Anordnens von Flaggenfarben ist.[5] Instanziieren

5 Dies erklärt unter anderem, warum es keine Transformation darstellt, einfach eine Menge von Flaggen nebeneinander aufzuziehen, was beispielsweise aus protokollarischen Gründen schlicht technisch nötig sein kann; erst wenn der Zusammenstellung ein Prinzip unterliegt, gewinnt der Akt Transformationscharakter.

ließe sich jede solche Handlung in jeder konkreten Handlung, die konkrete Nationalflaggen in einen konkreten Barcode umwandelte – dies geschieht jedoch, wie gesagt, nie und ist auch nicht nötig.

Relevant für meine Überlegungen ist dieses Beispiel dadurch, dass es anzeigt, wie Transformationen im Abstrakten stattfinden – oder immerhin Möglichkeiten des Stattfindens eröffnen – können, aber weiterhin Charakteristika behalten, die es erlauben, in institutionelle Prozesse einzukoppeln: Auch wenn die indexikalische Funktion als Markierung eines präzisen Ortes und einer präzisen Zeit verloren geht, bleiben die Vorher-Nachher-Struktur und das exemplarische Vorführen von Kausalität erhalten. Die zeitliche Unschärfe, die dadurch entsteht, dass es nicht nur keine konkreten Transformationshandlungen gab, sondern das *Transformationsschema*, das an deren Stelle getreten ist, den Expansionsstand der Europäischen Union zu jedem Zeitpunkt ihrer Existenz verarbeiten kann, macht diese spezielle Transformation auf der Typebene vielleicht noch adäquater für ihren Einsatzbereich, als es eine auf der Instanzebene sein könnte: Ein *konkretes* Herstellen eines europäischen Symbols aus Nationalsymbolen an einem bestimmten Ort und zu einer bestimmten Zeit würde eine harte Markierung setzen, geeignet für eine Erzählung von Diskontinuität. Die weiche, schwebende Natur des Barcodes eignet sich besser für die Realität der europäischen Gemeinschaftsinstitutionen, deren Geltungsgeschichten auf der Darstellung von Kontinuität (wenn auch oft in Form kontinuierlicher Weiterentwicklung), von dauerndem Funktionieren und bleibender Effektivität beruhen, womit sie sich gegen die Verfallsgeschichten von erstarrender Bürokratie und verlöschender Solidarität stellen, die sich die institutionalisierte Europaskepsis zu Eigen macht.

Die Zusammenordnung nationaler oder regionaler Symbole zum Darstellen einer politischen Einheit hat eine lange Tradition. Ich möchte stellvertretend nur zwei weitere Beispiele nennen: Das traditionelle Symbol der Einheit des alten Ägypten war die Zusammenstellung der stilisierten Königskronen von Ober- und Unterägypten zur Doppelkrone; ein besonders im städtischen Bürgertum übliches

Symbol des Heiligen Römischen Reiches deutscher Nation war der so genannte Quaternionenadler, ein heraldischer Adler, dessen Fittiche mit nach bestimmten Regeln angeordneten Vierergruppen von Wappen einiger, ebenfalls nach bestimmten (nicht immer gleichen) Regeln ausgewählter, Reichsstände verziert waren. In beiden Fällen geschah die Transformation nie konkret, und die grafische Realisierung des Produkts war in unterschiedlichen Formen möglich; in beiden Fällen lassen sich starke Kontinuitätsgeschichten von überzeitlicher Einheit anknüpfen.

Der Übergang auf die Typebene verschiebt Transformationen näher ans Begriffliche. Die Einheit des Handelns, die eine konkrete Transformation zusammenhält, wird abgelöst durch die Einheit einer abstrakten Handlungsmöglichkeit. Durch die Loslösung von Ort und Zeit eignet sich diese potenzielle Art von Transformation zur Illustration von Kontinuität.

6.2 Transformationen mit implizitem Edukt

Die zweite Form des Ebenenaufstiegs, die ich anspreche, ist die von einer Transformationsart, bei der Edukt und Produkt angebbar vorgelegen haben beziehungsweise hinterher vorliegen – sei es als Instanz oder als Klasse –, zu einer, bei der eine der beiden Seiten – hier die Eduktseite – nicht aktual, sondern nur potenziell vorliegt.

6.2.1 Beispiel: Der Präambelstil des Staats- und Völkerrechts

Für die Präambeln staats- und völkerrechtlicher Dokumente wie Verträge, Resolutionen und Verfassungen wird häufig ein eigener, traditionsverwurzelter Stil verwendet, wie man ihn im folgenden Beispiel sehen kann:

> »*The States Parties to this Statute,*
>
> *Conscious* that all peoples are united by common bonds, their cultures pieced together in a shared heritage, and that this delicate mosaic may be shattered at any time,

> *Mindful* that during this century millions of children, women and men have been victims of unimaginable atrocities that deeply shock the conscience of humanity,
> *Recognizing* that such grave crimes threaten the peace, security and well-being of the world, [...]
> *Resolved* to guarantee lasting respect for and the enforcement of international justice,
> *Have agreed as follows*«[6]

Prägend für diesen Stil sind drei Merkmale, die den Gestaltungsregeln üblicher Prosatexte, ob im juristischen Bereich oder anderswo, diametral zuwider laufen: Zunächst enthält die ganze Präambel, ganz gleich wie lang, keinen einzigen Punkt; zum Zweiten ist sie durch Absatzumbrüche und Großschreibung der Teilsatzanfänge gegliedert, was herkömmlicherweise mitten in Sätzen nicht vorzukommen pflegt; und zum Dritten beginnt jeder der so abgegrenzten Absätze, abgesehen vom ersten und letzten, mit einem Adjektiv oder Partizip. Grammatikalisch handelt es sich bei solch einer Präambel um einen einzigen Satz, in den eine lange Aneinanderreihung von Adverbialergänzungen eingeschoben wurde.

So spricht nicht nur niemand, so schreibt auch außer Juristen niemand Gebrauchstexte.[7] Der Wert des Textes als Grundlage der Arbeit nationaler und internationaler Organisationen wiederum würde in keiner Weise geschmälert, wäre er in konventioneller Weise als Abfolge mehrerer Sätze kommoder Länge und ohne notwendigerweise parallelen Satzbau abgefasst.

Man könnte sich vorstellen, dass der in seinem Duktus gegenüber gängigen Normen deformierte Text eben wirklich durch Deformieren eines bereits vorliegenden, diesen Normen eher genügenden Textes gewonnen entstanden ist – dass beispielsweise der Referentenentwurf der Präambel noch in konventionellerer Sprache gehalten war und erst in der Endredaktion in den gedrechselten

---

6 Römisches Statut des Internationalen Strafgerichtshofs, Hervorhebungen im Original.

7 Die künstlerische Textproduktion möchte ich an dieser Stelle ausklammern, da sich diese Arbeit nicht mit Ästhetik und Kunsttheorie beschäftigen soll.

Stil des Zitats umgearbeitet wurde. Dieser Redaktionsprozess ließe sich dann als Transformation ganz im bisher beschriebenen Sinne deuten.

6.2.2 Analyse

Allerdings bin ich darauf hingewiesen worden, dass es einen solchen ›Quelltext‹ bei dem beschwerlichen Prozess des wortgenauen Aushandelns von Rechtsvereinbarungen selten, wenn überhaupt, gibt. Die angedeutete Transformation kann es also gar nicht geben – es sei denn, man akzeptierte, dass etwas ein Transformationsprodukt sein kann, ohne dass ein Edukt vorgelegen hat, was wiederum der erarbeiteten Definition widerspricht. Der Ausweg, vielleicht die Notizen der Juristen am Verhandlungstisch oder gar den Volltext ihrer Besprechungen als Edukt zu sehen, ist gleichermaßen verbaut: Einmal scheint das Kriterium der vergleichbaren Komplexität von Edukt und Produkt verletzt, und zum anderen ist die Eignung des Edukts zu plausiblen, kohärenten Beschreibungen der Transformationshandlung nicht eben berückend.

Ich möchte als Lösung vorschlagen, wie eingangs angedeutet ein lediglich implizites Edukt zu akzeptieren. Derselbe Gegenstand fungiert somit gleichzeitig als Produkt und über die Hypothese seiner Gemachtheit aus einem anderen Gegenstand als Edukt. Anders könnte man davon sprechen, dass einfach ein Schritt auf dem Weg zum Produkt übersprungen worden ist: Statt zunächst den ›Quelltext‹ zu schaffen und ihn dann in den Endtext zu transformieren, wird direkt der Endtext geschaffen, ›als ob‹ es einen Quelltext gegeben hätte.

Die implizite Transformation wird an einem konkreten Text konstatiert; es handelt sich also nicht um einen Aufstieg auf die Typebene. Beispiele solcher impliziten Transformationen scheint es vor allem im Bereich der Sprache zu geben; es mangelt ihnen auch nicht an Bedeutungsgehalt. So umfasst der gewollt unmilitärische Befehlston, mit dem bei hohem militärischem Zeremoniell der Bundeswehr die Kommandos gegeben werden (verglichen beispielsweise mit dem traditionellen Gebrüll bei der britischen Armee), eine ganze große Diskontinuitätsgeschichte: Das als Spannung in der Stimme des Offiziers hörbare Bemühen, so weit entfernt vom Kasernenhofton zu bleiben wie nur möglich, verweist auf das Bemühen der ganzen Institution Bundeswehr, Distanz zu einer bestimmten militaristischen Tradition zu wahren. Isabel Zollna schreibt im Zusammenhang mit solchen hörbaren impliziten Transformationen, wie sie im Singsang einer Bahnhofsdurchsage oder der Betonungsinversion von Höflichkeitsformeln – wieder einmal – an der Supermarktkasse zu hören sind, von ›Distanzsprechen‹.[8]

Diese Distanz ist, wie ich meine, eine von Produkt und implizitem Edukt. Implizite Transformationen schlagen sich in Produkten nieder, denen eine *Spreizung* einbeschrieben ist. Sie illustrieren bevorzugt Geschichten der Disziplinierung – hier die des Bahnhofssprechers, der sich als »verobjektivierendes Medium«[9] gibt, dort die der Armee, die bewusst und ständig den Abstand zum Militarismus sucht oder der internationalen Gemeinschaft, die sich selbst Beschlüsse auferlegt.

6.3 Möglichkeit weiterer Transformationsklassen

Im zweiten Fallbeispiel wurde eine Transformation besprochen, bei der das Edukt implizit ist. Es liegt nun nahe, sich zu überlegen, ob auch ein Edukt ohne Produkt als Glied einer impliziten Transformation interpretiert werden kann. Es gibt im Alltag in der Tat Gegenstände, die durch ihre besondere Eignung, einer bestimmten

---

8 Vgl. Zollna, Isabel, Verwandlung und Verschwinden – in der Sprachauffassung und im Sprechen. In: Marek, Heidi, Anne Neuschäfer und Susanne Tichy (Hrsg.), Metamorphosen. Wandlungen und Verwandlungen in Literatur, Sprache und Kunst von der Antike bis zur Gegenwart. Festschrift für Bodo Gutmüller zum 65. Geburtstag. Wiesbaden: Otto Harrassowitz, 2002, S. 365.

9 Ebd., S. 366.

Art von Umwandlung unterworfen zu werden, ein Produkt implizieren; es wäre da an einen Haufen herumliegender Puzzleteile oder an eine zerlegte Maschine zu denken.

Im Gegensatz zu einem impliziten Edukt kann ein implizites Produkt jedoch nicht als übersprungener Zwischenzustand in einem herstellenden Handlungszusammenhang umschrieben werden: Solange das Edukt noch vorliegt, kann schließlich noch keine Transformationshandlung stattgefunden haben. Ist also das Produkt implizit, müsste auch die Transformationshandlung implizit sein. Damit fällt jedoch das Element der Transformation weg, das ihre Einheit garantiert, indem es die Überbestimmung gegenüber einer rein technischen Umwandlung kenntlich macht. Insofern bin ich geneigt, Transformationen mit implizitem Produkt für unmöglich zu halten; ich kenne auch kein lebensweltliches Beispiel, das man dergestalt interpretieren könnte.

7 Fazit

Auch wenn die vorliegende Arbeit den ersten konkreten Niederschlag meiner Auseinandersetzung mit ihm darstellt, hat mich das Thema Transformationen in der einen oder anderen Form seit 2003 beschäftigt. Dass es in dem engen vorgegebenen Rahmen möglich sei, es oder irgend ein anderes komplexes Thema erschöpfend zu bearbeiten, war ausgeschlossen, ich bin jedoch glücklich, tatsächlich meine Abschlussarbeit über ein Thema, das mir seit langem am Herzen liegt, geschrieben haben zu dürfen. Nachdem ich meine Argumentation an anderer Stelle bereits resümiert habe, möchte ich nur mit einigen kurzen Überlegungen schließen.

Die Figur der Transformation scheint mir ein produktives Mittel der Analyse symbolischer institutioneller Zusammenhänge zu sein, dessen Potenzial sich in dieser Arbeit erst ansatzweise gezeigt hat. Es war mir nicht möglich, über die systematische Rekonstruktion hinaus den Transformationsbegriff mehr als nur kursorisch in die Kontexte großer bedeutungs- und kulturphilosophischer sowie ästhetischer Gesamtkonzepte einzuordnen – die Literatur lässt erkennen, dass das verwendete Institutionenkonzept und der Begriff der Geltungsgeschichte tief in die Philosophie von Kant, Cassirer und Gehlen verweisen, um nur einige Namen zu nennen; der irreduzible triadische Aufbau von Transformationen wie auch von peirceschen Zeichen verlangt geradezu danach, Verbindungen zu Hegel zu suchen[1]; von den Möglichkeiten, interdisziplinär anzuschließen, beispielsweise in der Medien- und Kunsttheorie, ganz zu schweigen. Es bieten sich also vielfältige Möglichkeiten, die Arbeit in diesem Bereich fortzusetzen.

Diese optimistische Einschätzung muss jedoch nicht jedermann teilen. Meine gesamte Argumentation, zumindest aber die weitergehende Überlegung in Kapitel 6, steht und fällt mit der Annahme, dass Transformationen nicht an materiellen Gegenständen stattfinden müssen und ihnen ein etwaiges gemeinsames Material von Edukt und Produkt allerhöchstens sekundär zukommen kann. Dies birgt zum einen die Gefahr, den Transformationsbegriff zu weit zu machen: Je nachdem, wie man das Kriterium der vergleichbaren Schöpfungshöhe handhabt, passt die in Abschnitt 2.4 gegebene Transformationsdefinition auf fast jedes menschliche Handeln, das Spuren in der Welt hinterlässt. Wie auch bei dem von mir verwendeten weit gefassten Institutionsbegriff ist es wichtig, die prinzipielle Anwendbarkeit bestimmter Deutungsmuster von ihrer sinnvollen Anwendbarkeit zu unterscheiden.

Zum anderen lässt sich dieses Austreiben der materiellen Substanz aus dem Transformationsschema, trotz allen meinen Versuchen, mich von konventioneller Ontologie so weit wie möglich zu lösen, wohl am besten verstehen, wenn man darauf verzichtet, die Welt überhaupt substanzontologisch zu betrachten. Ich habe angedeutet, dass es gute Gründe dafür gibt, dies nicht zu tun, aber für eine breite Kritik an traditionellen Ontologien war hier ebenfalls kein Platz.

Auf ähnliche Weise wie der Substanzontologe, wenn auch ganz anders begründet, mag der eine oder andere darüber die Nase rümpfen, dass ich eine symbolische Ausdrucksweise beschrieben habe,

---

1 Ein Streiflicht: Dass das Sanktionieren einer Fehlhandlung diese als solche in den institutionellen Rahmen zurückholt, erinnert an das Strafkonzept in der *Rechtsphilosophie*, vgl. Hegel, Georg Wilhelm Friedrich, Grundlinien der Philosophie des Rechts oder Naturrecht und Staatswissenschaft im Grundrisse (Rechtsphilosophie). Frankfurt am Main: Suhrkamp, 1986, stw 607, § 99f., S. 187ff.

die sich letztlich das exemplarische Veranstalten von Akten technischer Weltbeherrschung als Grundkategorie zu eigen macht. Ich muss zugeben, dass mir kulturpessimistische Verfallserzählungen, wie sie spätestens seit der Stoa die technische Weltbeherrschung als Denkfigur in Verruf gebracht haben, auch nach längerer Beschäftigung mit ihnen immer fremd geblieben sind; ich kann an dieser Stelle denn auch nur darauf hinweisen, dass Transformationen eben keine Transformationen von Menschen sind. Menschen sind nur dann Produkte, wenn sie sich je selbst dazu machen.

– Um nicht allzu melancholisch zu schließen, noch ein letzter Ausblick: Als ich zuerst begann, mich mit dem Thema zu beschäftigen, war eines meiner Ziele, Ansätze zu einer Bewertung der Symbole, die sich neu entstehende – vor allem internationale – Großinstitutionen geben, zu finden; wir leben schließlich in einer Zeit, in der solche Institutionen in beachtlicher Zahl neu geschaffen werden und an Macht gewinnen (aus dieser Phase habe ich meine Analyse des Barcodes zurückbehalten). Eine vergleichende Untersuchung der Selbstdarstellungen solcher Großinstitutionen mit Hilfe des hier entwickelten Transformationsbegriffs wäre in der Tat ein reizvolles Unterfangen, gehört aber nicht in diese Arbeit.[2]

Bei diesen Vorüberlegungen jedenfalls kam der Gedanke auf, Transformation nicht nur als ein in institutionellen Kontexten eingesetztes Mittel, sondern als eine Grundstruktur von Institutionalität aufzufassen. Abgesehen von der reinen Unterscheidung, die darin liegt, dass das Produkt ostentativ anders ist als das Edukt, zeigt eine Transformation auch eine Art Qualität oder Quantität dieser Unterscheidung, sozusagen eine Transformationsdistanz. Wie in Abschnitt 6.2 besprochen glaube ich, dass eine solche *Spreizung*

2 Dass sich mit Hilfe abstrakter philosophischer Überlegungen tatsächlich aussagekräftige Analysen konkreter institutioneller Gegebenheiten anstellen lassen, zeigt Schönrichs Beitrag zur Symbolik von Parlamenten; vgl. Schönrich, Gerhard, Selbstrepräsentation von Vertretungskörperschaften. Semiotische Aufschaukelung und semiotischer Kurzschluß. In: Patzelt, *Parlamente und ihre Symbolik*, S. 294–310.

zwischen Edukt und Produkt auch vorliegen kann, wenn das Edukt nur implizit, als fiktive Erklärungshilfe vorliegt.

Diese Spreizung scheint mir mit kategorialen Bezügen im – realen oder fiktiven – Transformationshandeln zu tun zu haben, die ebenfalls quantitativ sind, also nicht bloß Anzeige von Orten, Zeitpunkten, Vorher und Nachher, sondern ein *Vereinnahmen* von Zeit und Raum. Die Transformation, gerade wenn sie beliebig aufgerufen und abgerufen werden kann, wäre dann eine Art Maschine (ein Transformator?), die, von Kausalitätsunterstellung und Ikonizität angetrieben, abstrakte Gehalte an der Dauer und Ausdehnung von Konkretem in institutionelle Wirkungen umsetzt. Ohne dies an dieser Stelle genauer argumentieren zu können, vermute ich, dass sich Begriffe wie ›Würde‹ und ›Pathos‹ mit diesem ›Einspeisen‹ von Raum und Zeit in Institutionen durch Transformationsstrukturen verbinden lassen; dass die taktförmige Gliederung von Zeitspannen durch Jubiläen oder von Stadträumen durch Architektur, dass das endlose Dahinmahlen großer Gerichtsprozesse und die ozeanische Weite eines Bibliotheksmagazins Phänomene sind, die hierunter fallen; kurz, dass die weitere Erforschung von Transformationen dazu beitragen mag, die Gestik des Großen besser zu verstehen.[3]

3 Diese Arbeit wäre nicht zustande gekommen ohne die Inspiration und Ermutigung durch Andreas Bühl, München, und Uwe Schimank, Bremen. Sachliche Hinweise und moralische Unterstützung gaben: Alexander Kremling, Berlin; Maren Behrensen, Boston; Katharina Sofie Sauther, Florenz; Mathias Michel, Frankenberg; Christoph Höbel, Frankenthal; Lars Büngener und Willem Warnecke, Frankfurt am Main; Mareike Dannull, Marburg; Christa Puschke, München; Jennifer Gebert, Niederweimar; Eva Christina Scharbatke, Würzburg. Bei der Vorbereitung der Publikationsfassung war mir Ina Beneke vom Tectum Verlag eine trotz allen meinerseits bedingten Verzögerungen stets sympathische und kompetente Ansprechpartnerin. Ihnen allen gilt mein herzlicher Dank.

Zusammenfassung

1. Eine Transformation kommt dadurch zustande, dass die Herstellung eines Produkts und die Auflösung eines Edukts als ein einheitliches Handeln veranstaltet oder nachträglich als ein solches beschrieben werden. Ob Edukt und Produkt je ein Gegenstand oder je eine Menge von Gegenständen sind und ob sich das Transformationshandeln in eine Schrittfolge von Teilhandlungen auflösen lässt, ist unerheblich.

2. Die nahe liegende Überlegung, dass diese Einheit durch ein gemeinsames Material von Produkt und Edukt zu Stande kommt, erweist sich als zu kurz gegriffen, da es Transformationen gibt, bei denen man kein solches gemeinsames Material nennen kann.

3. Statt über eine untrennbare, stoffliche Verbindung zwischen Produkt und Edukt erklärt man die Einheit der Transformation besser über die Einheit der Transformationshandlung, also darüber, dass das Auflösen des Edukts und das Herstellen des Produkts nicht nur zufällig oder aus technischer Notwendigkeit zusammenfallen. Diese Bezwecktheit der Transformation muss äußerlich daran erkennbar sein, dass mindestens eine der drei Komponenten Edukt, Produkt oder Handlung gegenüber dem, was an ihrer Stelle minimal notwendig ist, um eine Umwandlung unter Beteiligung der beiden anderen Komponenten zu ermöglichen, überbestimmt ist.

4. Transformationen sind Phänomene in Institutionen und entfalten auch nur darin ihre eigenen Wirkungen. Eine Institution sei dabei verstanden als ein Wirken von Institutionalität in angebbarem Rahmen (solche Rahmen können Räume, Zeiten,

Personengruppen und Ähnliches sein); Institutionalität sei verstanden als ein dauerhaftes, selbststabilisierendes Zusammenspiel von Regeln und ihrer Befolgung.

5. Institutionen bedienen sich Geltungsgeschichten, um ihre Regelgehalte zu begründen. Es gibt zwei Haupttypen von Geltungsgeschichten: Ein Typ erzählt von Kontinuität, die über äußere Diskontinuitäten hinweg durchgehalten wurde, wird, oder werden soll; der andere Typ erzählt von Diskontinuität, die einer äußeren Kontinuität entgegengestellt wird. Kontinuitätsgeschichten können für sich stehen; Diskontinuitätsgeschichten sind aber stets auf Kontinuitätsgeschichten angewiesen.

6. Transformationen sind selbst keine Geltungsgeschichten, sondern werden ihnen ergänzend beigegeben, ähnlich wie Illustrationen erzählenden Texten beigegeben werden, die auch ohne sie stehen könnten.

7. Institutionen lassen sich im peirceschen Zeichenmodell als aufgestufte, selbstreferenzielle Zeichenprozesse modellieren, in denen die Repräsentation der Institution in zeichenhaft verstandenen Handlungen durch bekräftigende oder korrigierende Anschlusshandlungen interpretiert wird.

8. Die einfachste Form der Institution ist das Ritual, das im immer ikonisch gleich wiederholten Nachvollzug einer Handlung besteht; bei ihm reicht als Korrekturhandlung bei falschen Nachvollzügen ein einfacher, indexikalischer Hinweis. Je komplexer Institutionen werden, desto mehr müssen argumentative Mittel in Korrekturinterpretationen eingesetzt werden; zu diesen Mitteln gehören Geltungsgeschichten.

9. Geltungsgeschichten werden zwar im institutionellen Handeln als Mittel eingesetzt, sind Institutionen aber nebengeordnet und können selbst institutionellen, eventuell sogar rituellen Charakter annehmen. Auf ähnliche Weise sind Transformationen ihrerseits Geltungsgeschichten illustrierend nebengeordnet, mit dem Unterschied, dass auf sie nur verweisend, nicht durch Nachvollzug (»reenactment«) Bezug genommen wird.

10. Transformationen etablieren indexikalisch Verweise auf Orte und Zeiten und trennen zwischen Vergangenheit und Zukunft; ikonisch etablieren sie Analogien zwischen Zustandsänderungen; argumentativ etablieren sie diese Zustandsänderungen als nicht zufällig, sondern kausal bewirkt. Gleichzeitig markieren Bezüge auf sie Institutionen als designierte Symbole. Sie bieten damit Topoi für Geltungsgeschichten und schematisieren, dass Veränderung durch Handeln bewirkt werden kann.

11. Der Transformationsbegriff lässt sich auch nutzen, um Phänomene zu beschreiben, bei denen a) keine konkreten Gegenstände transformiert, sondern abstrakte Transformationsmöglichkeiten zwischen Gegenstandsklassen aufgezeigt werden; oder bei denen b) die Transformation in einer besonderen Art der Herstellung dadurch eingeschlossen ist, dass man am Produkt ein implizites Edukt als übersprungenen Zwischenschritt herleiten kann.

Bildnachweis

- Abb. 1: eigene Grafik
- Abb. 2: eigene Grafik nach Gerhard Schönrich und Floyd Merrell
- Abb. 3: eigene Grafik nach Gerhard Schönrich
- Abb. 4: eigene Grafik
- Abb. 5: eigene Grafik
- Abb. 6: AMO (Rem Koolhaas) / ananova.com
- Abb. 7: AMO (Rem Koolhaas) / eu2006.at

Literaturverzeichnis

Andermatt, Alois: Semiotik und das Erbe der Transzendentalphilosophie. Die semiotischen Theorien von Ernst Cassirer und Charles Sanders Peirce im Vergleich. Würzburg: Königshausen & Neumann, 2007, Epistemata. Würzburger wissenschaftliche Schriften. Reihe Philosophie 431

Apel, Karl-Otto: Transformation der Philosophie. Band II: Das Apriori der Kommunikationsgemeinschaft. Frankfurt am Main: Suhrkamp, 1973

Apel, Karl-Otto: Der Denkweg von Charles Sanders Peirce. Eine Einführung in den amerikanischen Pragmatismus. Frankfurt am Main: Suhrkamp, 1975, stw 141

Baltzer, Ulrich: Semiose. In: **Ritter und Gründer:** *Historisches Wörterbuch der Philosophie. Band 9,* Spp. 599–601

Baltzer, Ulrich: Symbole als die zeichenhafte Konstitution institutionellen Handelns und institutioneller Dauer. In: **Melville:** *Institutionalität und Symbolisierung,* S. 119–135

Bräuer, Holm: Machtereignisse. In: **Schönrich:** *Institutionen und ihre Ontologie,* S. 307–327

Bühl, Walter Ludwig: Institution. In: **Werner Fuchs-Heinritz et al. (Hrsg.):** Lexikon zur Soziologie. Opladen: Westdeutscher Verlag, ^{3}1994, S. 302

Cassirer, Ernst: Philosophie der symbolischen Formen. Erster Teil: Die Sprache. Berlin: Bruno Cassirer, 1923

Cullen, Michael S.: Der Reichstag. Die Geschichte eines Monumentes. Berlin: Fröhlich & Kaufmann, 1983

Dubiel, Helmut: Institution. In: **Joachim Ritter und Karlfried Gründer (Hrsg.):** Historisches Wörterbuch der Philosophie. Band 4. Darmstadt: Wissenschaftliche Buchgesellschaft, 1977, Spp. 418–424

Friedmann, Werner: Die Geburt der »Süddeutschen Zeitung«. Süddeutsche Zeitung, 1 (1945), Nr. 2 (9. Oktober), S. 3, Bl. 1–2

Gumbrecht, Hans Ulrich: Ten Brief Reflections on Institutions and Re/Presentation. In: **Melville:** *Institutionalität und Symbolisierung,* S. 69–75

Gutmann, Mathias: Erfahren von Erfahrungen. Dialektische Studien zur Grundlegung einer philosophischen Anthropologie. Bielefeld: transcript, 2004, Edition panta rei [sic]

Hegel, Georg Wilhelm Friedrich: Grundlinien der Philosophie des Rechts oder Naturrecht und Staatswissenschaft im Grundrisse (Rechtsphilosophie). Frankfurt am Main: Suhrkamp, 1986, stw 607

Hoffmann, Michael: Was sind »Symbole«, und wie lässt sich ihre Bedeutung erfassen? In: **Melville:** *Institutionalität und Symbolisierung,* S. 95–117

Hume, David: Eine Untersuchung über den menschlichen Verstand. Stuttgart: Philipp Reclam jun., ^{2}1982, Universal-Bibliothek 5489

Hölscher, Tonio: Die Alten vor Augen. Politische Denkmäler und öffentliches Gedächtnis im republikanischen Rom. In: **Melville:** *Institutionalität und Symbolisierung,* S. 183–211

Hübner, Johannes: Das Problem der Veränderung. In: **Schönrich:** *Institutionen und ihre Ontologie,* S. 239–264

Janich, Peter: Logisch-pragmatische Propädeutik. Ein Grundkurs im philosophischen Reflektieren. Weilerswist: Velbrück Wissenschaft, 2001

Kant, Immanuel: Kritik der Urteilskraft. Hamburg: Felix Meiner, 2003, zitiert nach der Paginierung der Akademie-Ausgabe

Kanzian, Christian: Institutionelle Artefakte. Oder: Zum Glück existiert mein Bankkonto. In: **Schönrich:** *Institutionen und ihre Ontologie*, S. 223–236

Lenz, Karl: Eigengeschichten von Paaren: Theoretische Kontextualisierungen und empirische Analyse. In: **Melville und Vorländer:** *Geltungsgeschichten*, S. 375–404

Liszka, James Jakób: A General Introduction to the Semeiotic [sic] of Charles Sanders Peirce. Bloomington/Indianapolis: Indiana University Press, 1996

Loers, Veit: Kronenschmelze. In: **Derselbe und Pia Witzmann (Hrsg.):** Joseph Beuys. documenta-Arbeit. Stuttgart: Edition Cantz, 1993, S. 257–260

Löffler, Winfried und Edmund Runggaldier (Hrsg.): Vielfalt und Konvergenz der Philosophie. Vorträge des Fünften Kongresses der Österreichischen Gesellschaft für Philosophie Innsbruck. Teil 1. Wien: Hölder-Pichler-Tempsky, Februar 1998

Lüddeckens, Dorothea: Narrativität. In: **Prechtl und Burkard:** *Metzler-Philosophie-Lexikon*, S. 387–388

Marek, Heidi, Anne Neuschäfer und Susanne Tichy (Hrsg.): Metamorphosen. Wandlungen und Verwandlungen in Literatur, Sprache und Kunst von der Antike bis zur Gegenwart. Festschrift für Bodo Gutmüller zum 65. Geburtstag. Wiesbaden: Otto Harrassowitz, 2002

Melville, Gert (Hrsg.): Institutionalität und Symbolisierung. Verstetigungen kultureller Ordnungsmuster in Vergangenheit und Gegenwart. Köln/Weimar/Wien: Böhlau, 2001

Melville, Gert: Vorwort. In: **Ders. (Hrsg.):** *Institutionalität und Symbolisierung*, S. V–VI

Dieselben und Vorländer, Hans (Hrsg.): Geltungsgeschichten. Über die Stabilisierung und Legitimierung institutioneller Ordnungen. Köln/Weimar/Wien: Böhlau, 2002

Merrell, Floyd: Peirce, Signs, and Meaning. Toronto / Buffalo (NY) / London (Ontario): Toronto University Press, 1997, Toronto Studies in Semiotics

Moos, Peter von: Krise und Kritik der Institutionalität. Die mittelalterliche Kirche als »Anstalt« und »Himmelreich auf Erden«. In: **Melville:** *Institutionalität und Symbolisierung*, S. 293–340

Muynck, Bert de: Ground Euro. ⟨URL: http://www.mediamatic.net/page/9207/en⟩ – Zugriff am 22.11.2011

Müller, Winfried: Instrumentalisierung und Selbstreferentialität des historischen Jubiläums. Einige Beobachtungen zu Eigengeschichte und Geltungsanspruch eines institutionellen Mechanismus. In: **Melville und Vorländer:** *Geltungsgeschichten*, S. 265–284

Nöth, Winfried, Stephan Meier-Oeser und Hans Hermes: Semiotik, Semiologie. In: **Ritter und Gründer:** *Historisches Wörterbuch der Philosophie. Band 9*, Spp. 601–609

Pape, Helmut: Einleitung. In: **Peirce:** *Semiotische Schriften 1*, S. 9–83

Pape, Helmut: Einleitung. In: **Peirce:** *Semiotische Schriften 2*, S. 7–79

Patzelt, Werner J. (Hrsg.): Parlamente und ihre Symbolik. Programm und Beispiele institutioneller Analyse. Wiesbaden: Westdeutscher Verlag, Februar 2001

Patzelt, Werner J.: Parlamentarische Geltungsgeschichten. In: **Melville, Gert und Hans Vorländer (Hrsg.):** *Geltungsgeschichten*, S. 285–318

Peirce, Charles Sanders: Collected Papers of Charles Sanders Peirce. Volume VIII: Reviews, Correspondence and Bibliography. Edited by Arthur W. Burks (CP 8). Cambridge, Mass.: Harvard University Press, 1958

Peirce, Charles Sanders: Collected Papers of Charles Sanders Peirce. Volume I: Principles of Philosophy; and Volume II: Elements of Logic. Edited by Charles Hartshorne and Paul Weiss (CP 1/2). Cambridge, Mass.: The Belknap Press of Harvard University Press, 1960

Peirce, Charles Sanders: Collected Papers of Charles Sanders Peirce. Volume III: Exact Logic (Published Papers); and Volume IV: The Simplest Mathematics. Edited by Charles Hartshorne and Paul Weiss (CP 3/4). Cambridge, Mass.: The Belknap Press of Harvard University Press, 1960

Peirce, Charles Sanders: Collected Papers of Charles Sanders Peirce. Volume V: Pragmatism and Pragmaticism; and Volume VI: Scientific Metaphysics. Edited by Charles Hartshorne and Paul Weiss (CP 5/6). Cambridge, Mass.: The Belknap Press of Harvard University Press, 1960

Peirce, Charles Sanders: Semiotische Schriften. Band 1. Herausgegeben und übersetzt von Christian Kloesel und Helmut Pape. Frankfurt am Main: Suhrkamp, 1986

Peirce, Charles Sanders: Semiotische Schriften. Band 2. 1903–1906. Herausgegeben und übersetzt von Christian Kloesel und Helmut Pape. Frankfurt am Main: Suhrkamp, 1990

Peirce, Charles Sanders: Naturordnung und Zeichenprozeß. Schriften über Semiotik und Naturphilosophie. Mit einem Vorwort von Ilya Prigogine. Herausgegeben und eingeleitet von Helmut Pape. Frankfurt am Main: Suhrkamp, 1991, stw 912

Peirce, Charles Sanders: The Writings of Charles S. Peirce: a chronological edition. Band 1 (1857–1866). Bloomington: Indiana University Press, [3]1994

Peterich, Eckart: Rom. Ein Führer. München: Prestel, 1998

Prechtl, Peter: Institution. In: **Prechtl und Burkard:** *Metzler-Philosophie-Lexikon*, S. 262

Derselbe und Burkard, Franz-Peter (Hrsg.): Metzler-Philosophie-Lexikon. Stuttgart/Weimar: Metzler, [2]1999

Puntel, Lorenz Bruno: Was ist eine Institution in ontologischer Hinsicht? In: **Schönrich:** *Institutionen und ihre Ontologie*, S. 27–36

Rehberg, Karl-Siegbert: Weltrepräsentanz und Verkörperung. Institutionelle Analyse und Symboltheorien – Eine Einführung in systematischer Absicht. In: **Melville:** *Institutionalität und Symbolisierung*, S. 3–49

Rehberg, Karl-Siegbert: Der doppelte Ausstieg aus der Geschichte. Thesen zu den »Eigengeschichten« der beiden deutschen Nachkriegsstaaten. In: **Melville und Vorländer:** *Geltungsgeschichten*, S. 319–347

Richardi, Hans-Günter: Die Geburtsstunde der SZ. Süddeutsche Zeitung, 51 (1995), Nr. 230 (6. Oktober), S. J 10–J 11

Ritter, Joachim und Karlfried Gründer (Hrsg.): Historisches Wörterbuch der Philosophie. Band 9. Darmstadt: Wissenschaftliche Buchgesellschaft, 1995

Saussure, Ferdinand de: Cours de linguistique générale. Édition critique préparée par Tullio de Mauro. Paris: Payot, 1994

Schönrich, Gerhard: Semiotik zur Einführung. Hamburg: Junius, Oktober 1999, Zur Einführung 204

Schönrich, Gerhard: Selbstrepräsentation von Vertretungskörperschaften. Semiotische Aufschaukelung und semiotischer Kurzschluß. In: **Patzelt:** *Parlamente und ihre Symbolik,* S. 294–310

Schönrich, Gerhard: Symbolisches Handeln in Institutionen. In: **Patzelt:** *Parlamente und ihre Symbolik,* S. 77–92

Derselbe (Hrsg.): Institutionen und ihre Ontologie. Frankfurt am Main (Heusenstamm) / Paris / Ebikon / Lancaster / New Brunswick: ontos, 2005, Metaphysical Research 3

Schönrich, Gerhard: »Der Garten der Pfade, die sich verzweigen«. Zur Ontologie von institutionellen Prozessen. In: **Ders. (Hrsg.):** *Institutionen und ihre Ontologie,* S. 265–306

Schönrich, Gerhard und Ulrich Baltzer: Die Geltung von Geltungsgeschichten. In: **Melville und Vorländer:** *Geltungsgeschichten,* S. 1–26

Stoecker, Ralf: Können Institutionen handeln? In: **Schönrich:** *Institutionen und ihre Ontologie,* S. 173–186

Tegtmeier, Erwin: Soziologie und Ontologie der Institutionen. In: **Schönrich:** *Institutionen und ihre Ontologie,* S. 37–44

Vorländer, Hans und Gert Melville: Geltungsgeschichten und Institutionengeltung. Einleitende Aspekte. In: **Melville und Vorländer:** *Geltungsgeschichten,* S. IX–XV

Wachter, Daniel von: Ein bemerkenswerter Unterschied zwischen Personen und Schiffen. In: **Löffler und Runggaldier:** *Vielfalt und Konvergenz,* S. 243–247

Zollna, Isabel: Verwandlung und Verschwinden – in der Sprachauffassung und im Sprechen. In: **Marek, Neuschäfer und Tichy:** *Metamorphosen,* S. 355–366

Zeitfracht Medien GmbH
Ferdinand-Jühlke-Straße 7
99095 Erfurt, Deutschland
produktsicherheit@kolibri360.de